DELIUS KLASING

#Jörg Walz

AUTO MODELL GESCHICHTE

Delius Klasing Verlag

#Einleitung/Anlasser

»Zwölf Zylinder, sticht!«, »V8 …« — Zylinderanzahl, Hubraumgröße, obenliegende Nockenwellen, Doppelvergaser oder Einspritzer, PS und Leergewicht: Die technischen Daten des Automobils sind jahrzehntelang Gesprächsstoff allerorten. Am Stammtisch, im Büro und — mithilfe ehemals populärer Autoquartettspiele — auf dem Schulhof sowieso. Das Automobil: gefeiert und vergöttert, Heilsbringer und Garant für individuelle Freiheit beziehungsweise Mobilität. Doch für nicht wenige Menschen ist das letztendlich das Gleiche. Aber das Auto polarisiert auch von Beginn an. Am Anfang ist es die Angst vor dem Neuen, das Unbekannte, die hohe Geschwindigkeit — gleich wie hoch oder niedrig sie tatsächlich ist. Es sind die Tücken des Verbrennungsmotors und seiner Inbetriebnahme, dann aber auch der Platzbedarf. Und im Lauf der Jahrzehnte, mit zunehmender Zahl produzierter und die Straßen der Städte dominierender Fahrzeuge, wird es auch in Haftung für Umweltverschmutzung, Schadstoffemissionen, Energieverbrauch sowie Verletzungen und Tod genommen. Kosten sind immer ein Thema. Doch das Automobil ist auch — und das ebenfalls von Anfang an — ein Statussymbol. Selbst wenn diese Rolle in heutigen Zeiten ein wenig an Bedeutung verliert, zumindest aus der Perspektive der Masse von heute gut 1,3 Milliarden zugelassenen Fahrzeugen, die die Straßen der Welt verstopfen. Und doch bleibt es eine innige Beziehung, denn das Auto erreicht uns emotional, lässt kaum jemanden wirklich kalt. Auch wenn wir es nach Leibeskräften versuchen: Leasing, Dieselnageln und Dieselskandal, Carsharing und die Errungenschaft des Smartphones — als Tor zur Welt beziehungsweise zum persönlichen Netzwerk — sind Mosaiksteine in dem Gesamtbild der Ent-Emotionalisierung des Automobils.

Dieses Buch zeichnet den Entwicklungsweg des Autos nach, einigermaßen chronologisch, mitunter eigener Logik folgend, in verschiedenen Geschichten erzählt.

Bugatti Chiron (Looksmart)
Kronberg im Taunus
Der auf 500 Exemplare limitierte Bugatti Chiron ist eine Automobil gewordene Machbarkeitsstudie. 1.500 PS stark, 2,4 Millionen Euro teuer (zuzüglich Mehrwertsteuer) und bei Tempo 420 elektronisch abgeregelt. Mit zweifelsfreiem Faszinationspotenzial und Emotionalisierungsgrad.

#Bilder einer Ausstellung ...

...so lautet die Headline einer Buchvorstellung des zuvor erschienenen Bandes zum Thema 70 Jahre Porsche. Bebildert ist die Porsche-Modellchronik im selben Stil: Immer dienen Miniaturen im Maßstab 1:43 als Protagonisten, geshootet in realer Umgebung. Das erzeugt einen Bruch, der sich dem Betrachter nicht immer auf den ersten Blick erschließt. Schließlich vermutet man ein zigarettenpackungkleines Spielzeugauto eher im Kinderzimmer oder einer Sammlervitrine als auf der Straße, in freier Wildbahn oder vor einem Gebäude. Aber letztendlich ist es immer eine Frage der Perspektive. Und so auch bei den Fotos, deren Charme von dem Blickwinkel und der Lichtsituation abhängt.

Doch die Fotos sind alles andere als aufwendig inszeniert. Stets sind es Zufallsmomente, abhängig vom Licht, der örtlichen Situation, der Zeit für den Schnappschuss und, last, but not least, von dem mehr oder minder zufällig ausgewählten Fahrzeugtyp der mitgeführten Miniatur. Auch gibt es keine zusätzliche Lichtquelle, und statt einer aufwendigen Kameraausrüstung dient das in der Hosentasche mitgeführte Smartphone als Werkzeug. Die für gelungene Fotos fast immer notwendige tiefe Kameraposition macht oftmals eine spontane Bildkontrolle unmöglich. Trotz zumeist kniender Position ist das gen Boden zeigende, oft von der Sonne beschienene iPhone-Display so gut wie nie einwandfrei zu sehen. Und auch die eine oder andere Anzughose hat die Fotoleidenschaft verschlissen.

Ansonsten ist diese Art der Automobilfotografie um ein Vielfaches unkomplizierter als das Location-Scouten, Rangieren und Ausleuchten von Fahrzeugen in Baugröße 1:1. Die handtellergroßen Winzlinge finden Platz in Jacken- und Hosentasche. Nur Obacht, dass die filigranen Anbauteile wie Spiegel, Antennen, Stoßstangen oder Scheibenwischer nicht verloren gehen oder Schaden nehmen …

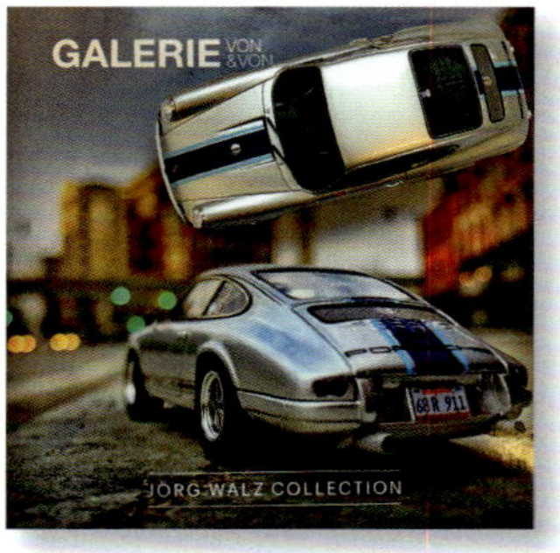

Veranstaltunsflyer der Kunstausstellung der Nürnberger Galerie von & von (Schuco)

Die Fotografien von Jörg Walz, Mittelpunkt einer Kunstausstellung der Nürnberger Galerie von & von. Rallye-Legende Armin Schwarz (links) gehört zu den Ausstellungsgästen.

#Auch ein Anfang

»Wer hat es erfunden? ...« Der Streit um den Anfang der Automobilität wird weltweit ausgetragen. 2009 macht der damalige US-Präsident Barack Obama unter anderem auch dadurch auf sich aufmerksam, dass er in seiner ersten Rede vor dem Kongress den Amerikanern die Erfindung des Automobils zuschreibt. Hiermit bezieht sich Obama auf das in großer Stückzahl industriell gefertigte Individualverkehrsmittel, das ohne den Anfang des 20. Jahrhunderts in Millionenstückzahl vom Fließband rollenden Ford T wahrscheinlich anders ausgesehen hätte. Was das ohne Pferdekraft mit Verbrennungsmotor angetriebene Fahrzeug anbelangt, so gehören die Ende des 19. Jahrhunderts geschaffenen Konstruktionen von Gottlieb Daimler und Carl Benz zu den Fahrzeugen, auf denen die Geschichte des Automobils zumeist aufbaut. Aber auch die Franzosen haben das Recht, die Erfindung des Automobils mit für sich zu proklamieren, schließlich sind Techniker wie de Dion, Levassor, Renault und Panhard ebenfalls Männer der frühen Stunde. Und mit dem Dampfwagen von Nicholas Cugnot entsteht bereits 1769 — 120 Jahre vor dem Patent-Motorwagen von Carl Benz — ein automobiles Gefährt. Dessen hohes Gewicht von rund fünf Tonnen, die fehlende Manövrierfähigkeit sowie mangelndes Tempo und der Verbrauch von Unmengen an Kohle und Wasser stehen seinem Siegeszug indes mehr als im Weg. Und die Italiener? Leonardo da Vinci — Mastermind vieler Errungenschaften, die sich erst in der Neuzeit verwirklichen lassen, heute aber längst nicht mehr aus unserem Leben wegzudenken sind — hat ebenfalls ein Automobil erdacht. Es geht auf das Jahr 1495 zurück. Seine hölzerne Konstruktion bewegt sich mittels Federenergie, praktisch wie bei einem großen Uhrwerk. Damit ist das Automobil von da Vinci wohl eher als Requisite einer Theateraufführung vorgesehen denn als Fahrzeug für den Personen- und Gütertransport. Doch der Gedanke dahinter ist überall derselbe: Wie komme ich ohne die Kraft vorgespannter Pferde voran?

Neben dem Automobil gilt da Vinci übrigens als Erfinder von Wälzlagern, Panzerwagen, Uhrwerken, Fluggeräten und vielen weiteren genialen Gegenständen, die seit Ewigkeiten Teil unseres Alltags sind. Und auch die menschliche Physiognomie hat Leonardo da Vinci exakt vermessen und dokumentiert, ebenfalls bevor es ihm andere Wissenschaftler nachmachten.

Das Automobile des Leonardo da Vinci,
Valsamoggia, Emilia Romagna (Italien)

#Mit Volldampf in die Mauer

Der Militäringenieur Nicholas Cugnot ist auf der Suche nach einem Gefährt, das bis zu fünf Tonnen schwere Geschütze aus eigener Kraft, ohne Pferdeunterstützung, an die Front ziehen kann. Resultat seiner Arbeit ist das ebenfalls fünf Tonnen schwere, über sieben Meter lange und vier Kilometer pro Stunde schnelle dampfgetriebene Dreirad, das er kurzerhand auf den Namen »Fardier à Vapeur« tauft – ins Deutsche übersetzt: Dampf-Pferdewagen.

1771 stellt Cugnot die Qualitäten seiner Konstruktion unter Beweis. Er beschleunigt das mittels einer zweizylindrigen Dampfmaschine angetriebene Ungetüm auf dem Kasernengelände – wie vorgegeben – auf Marschtempo. Und steuert geradezu in die Kasernenmauer, die seinem Vorwärtsdrang ein Ende bereitet. Sicher ist es nicht von Vorteil, dass sowohl der Antrieb als auch die Lenkung über das einzelne Vorderrad erfolgen. Zudem ist der Kessel noch davor platziert; ein für das Handling äußerst unglückliches Packaging – wie es Ingenieure heute nennen würden. Es heißt, Ränkespiele am Hofe des Franzosenkönigs Ludwig des XV. beendeten den Vorwärtsdrang einer Weiterentwicklung. Nicht nur deshalb kommen bis ins 20. Jahrhundert hinein noch Pferde als Zugkräfte zum Einsatz. Und das nicht nur im Feld, sondern auch auf dem Feld. Erst mit flächendeckender Verfügbarkeit von erschwinglichen Traktoren mit Verbrennungsmotoren werden die Zugtiere nach und nach außer Dienst gestellt.

Die Konstruktion von Nicholas Cugnot ebnet allerdings den Weg für die Dampflokomotive, wie sie mit Beginn des 19. Jahrhunderts ihren Siegeszug beginnt. 1829 fährt mit der »Rocket« von Robert Stephenson und seinem Sohn George die erste Dampflok in Großbritannien. 1835 wird dann die erste Eisenbahnlinie auf dem europäischen Festland eingeweiht: Auf der sechs Kilometer langen Strecke zwischen Nürnberg und Fürth verkehrt der ebenfalls von Stephenson gefertigte »Adler«. 13.000 Gulden kostet der seinerzeit in Kisten angelieferte Zug mit Lokomotive, Tender und zwei Waggons. Die Fahrtzeit auf der Strecke beträgt gut neun Minuten, die Reisegeschwindigkeit rund 35 km/h; eine damals furchterregende, ungeheuerliche Geschwindigkeit. Bahnreisende wurden als Todesmutige bewundert – oder verachtet. Je nachdem.

Aber die Landwirtschaft und Sägewerksbetreiber setzen vereinzelt auf Dampfkraft. Mit Fortschreiten der Industrialisierung kommen Mitte des 19. Jahrhunderts sogenannte Lokomobile, die zwar auf Schienen verzichten, sich wegen ihrer Größe, des Gewichts und des schieren Hungers auf Kohle und Wasser eher als stationäre Kraftwerke für die Landarbeit eignen. Sie bilden eine willkommene Ergänzung zur bis dahin dominanten Wasserkraft. Dampfwalzen bleiben lange Zeit die fahrbaren Überbleibsel dieser Maschinen. Ihre Größe und Beweglichkeit ähnelt der der Lokomobile.

Cugnot Fardier à Vapeur (Brumm)
Beelitz, Brandenburg

#Frau am Steuer

Als die damals 39-jährige Bertha Benz 1888 ihre Söhne Eugen und Richard »einpackt« und den Benz Patent-Motorwagen aus der Werkstatt ihres Mannes Carl entführt, legt sie den Grundstein für das, was wir heute längst als selbstverständlich erleben. Verbissen und ohne Unterlass arbeitet ihr Mann in der Werkstatt an seiner Erfindung. Durch und durch Ingenieur, arbeitet er unentwegt daran, die Erfindung fortwährend zu verbessern. Nur auf die Straße kommt sie nicht so recht. Besorgt um die wirtschaftliche Zukunft, will Bertha sich, ihrem Mann und der Welt beweisen, dass die Zeit reif ist für dessen Erfindung und die Erfindung für die Welt. Schließlich ist es mittlerweile neun Jahre her, dass der erste Versuchsmotor von Carl Benz zum Laufen gekommen ist. Und zwei Jahre sind seit der Erteilung von Patenten in Deutschland und Frankreich ins Land gegangen.

Die Distanz von Mannheim nach Pforzheim ist heute in gut einer Stunde über eine freie Autobahn absolviert. Im Jahr 1888 reisen die drei zwei Tage. Und während heute zig Tankstellen eine ideale Infrastruktur für den Verbrennungsmotor bieten, muss Bertha Benz sich den Kraftstoff in Form des vor allem für die Reinigung von Textilien verwendeten Leichtbenzins Ligroin mühsam in Apotheken zusammenkaufen.

Mit ihrer »Fernfahrt« demonstriert sie die Leistungsfähigkeit des Automobils. Und sie beflügelt die Fantasie vieler Menschen, für die zuvor das Pferd, das Rad, die Bahn oder Schusters Rappen als alleinige Fortbewegungsmittel denkbar sind. Und es gibt eine Reihe von Frauen, die es Bertha Benz nachtun: von Clärenore Stinnes, die zwischen 1927 und 1929 sogar die Welt umrundet, über die Rallye-Paris-Dakar-Siegerin Jutta Kleinschmidt bis zur Berliner Autohändlerin Heidi Hetzer, die zwischen 2014 und 2017 fast 80-jährig in die Fußstapfen von Frau Stinnes tritt und mit einem Hudson Great Eight von 1930 den Globus umrundet.

Benz Patent-Motorwagen (Minichamps)

#Elektrisierende Mobilität

Camille Jenatzy ist ein wilder Hund, von kräftiger Gestalt, mit roten Haaren, ebenso rotem Bart und einem verwegenen Fahrstil. Kein Wunder, dass ihn das Publikum als »roten Teufel« verehrt. Und Jenatzy hat Technikverständnis und liebt Geschwindigkeit. Dementsprechend konstruiert er auch eine Reihe von Fahrzeugen, mit denen er bei Rennen und Rekordfahrten antritt. Unsterblich wird er mit dem zigarrenförmigen »La Jamais Contente«.

Das heißt übersetzt »Die nie Zufriedene« und passt zum Leistungsstreben des Belgiers, der mit diesem Fahrzeug als erster Mensch schneller als 100 km/h fährt. In jener Zeit steht noch nicht fest, welchen technischen Weg das Automobil beschreiten wird: Dampf-, Elektro- oder Benzinantrieb. Mit der Rekordgeschwindigkeit betört das gerade einmal 1.000 Kilo schwere, zweimal 25 Kilowatt starke zigarrenförmige Elektromobil, dessen Reichweite von lediglich 40 bis 60 Kilometer hingegen gering ist. Dementsprechend entwickelt Jenatzy neben weiteren Elektromobilen auch benzinelektrische Automobile, sprich Hybridfahrzeuge.

1903 gewinnt Camille Jenatzy das in Nordirland ausgetragene Rennen um den Gordon-Bennett-Pokal und erringt damit den ersten internationalen Sieg eines Mercedes — mit einem vierzylindrigen, 60 PS starken Verbrennungsmotor. Dieser Erfolg bedeutet übrigens den Durchbruch für Daimler. Jenatzy kommt zehn Jahre später ums Leben. Bei einem Jagdunfall. Der wilde Hund imitiert aus einem Gebüsch Wildschweinlaute und wird von einem Jagdkumpel über den Haufen geschossen. Der am 27. Januar 1899 elektrisch erzielte Landgeschwindigkeitsrekord von 105,88 km/h hingegen überlebt nur drei Jahre. Am 13. April 1902 bricht ihn der Franzose Léon Serpollet auf der Promenade des Anglais in Nizza mit seinem »Œuf de Pâques« — einem 120,8 km/h schnellen Dampfmobil.

La Jamais Contente (Brumm)

#Der Verbrenner macht das Rennen

Im Patentjahr der Benz'schen Erfindung gründet sich in Paris das Unternehmen Panhard & Levassor. Aus einer Fabrik für Holzverarbeitungsmaschinen wird ein Automobilproduzent, der 1890 mit dem 2D Frankreichs erstes Automobil mit Verbrennungsmotor herstellt – im 18. Jahrhundert hatte ein Herr Bugnot bereits ein erstes dampfgetriebenes Fahrzeug vorgestellt. Angetrieben wird der Wagen mittels eines in Lizenz hergestellten Daimler-Motors, der in der Mitte des Fahrzeugs montiert ist und damit die vier Insassen zu einer Dos-à-dos-Sitzweise (Rücken an Rücken) nötigt. In die Geschichtsbücher geht die Marke mit ihrem im Jahr darauf gezeigten Modell ein, bei dem die Maschine nun in die Front des Fahrzeugs rückt. Auf diesem »Système Panhard« basiert heute noch die sogenannte Standardbauweise: Motor, Getriebe und Kühler vorn, Antrieb hinten.

Olds Curved Dash Runabout (Minialuxe)

Zehn Jahre darauf entsteht mit dem Olds Curved Dash das erste in Großserie hergestellte Auto. Nach intensiven Studien mit Dampfmaschinen und Elektromotoren kommt der Ingenieur Ransom Eli Olds Ende des 19. Jahrhunderts zu dem Schluss, dass, obwohl zahlreiche Elektrofahrzeuge die Straßen Detroits bevölkern, die Zukunft des Automobils mit verbrennungsmotorischen Antrieben geschrieben wird. Das mittlerweile gut verfügbare Erdöl und die Vorteile der Unabhängigkeit von Lademöglichkeiten und noch unzureichenden Batterien sind schlagende Argumente, die Olds trotz eines mit 650 US-$ stolzen Preises bereits im Premierenjahr 1901 425 Kunden bescheren. Bis 1907 entstehen sogar 11.000 dieser Fahrzeuge, die maßgeblich zum bis heute erlebten Siegeszug des Automobils mit Verbrennungsmotor beitragen.

Ein wichtiges Detail für die rasch wachsende Popularität des verbrennungsmotorischen Autos ist der von Cadillac eingeführte elektrische Anlasser, der dessen Nutzung signifikant erleichtert. Zuvor kommt es immer wieder zu zum Teil schwersten Verletzungen an der Starterkurbel. Damit ist von nun an Schluss. Ein weiterer Schlüssel zum Erfolg sind die rasch wachsende Mineralölindustrie und die sich schnell entwickelnde Infrastruktur mit einem engmaschigen Tankstellennetz. Das Erdöl und die daraus erzeugten verschiedenen Produkte schwächen auch die ehemals starke Walfangindustrie – nun braucht es nicht mehr länger das aus Walfett gewonnene Öl, um die Straßenlaternen zu befeuern. Petroleum und Benzin gehören rasch zu den Bestsellern und machen nicht nur Menschen wie John D. Rockefeller steinreich.

Panhard 2D (Rami)

#Auf Spurensuche

Ohne den umtriebigen Schmiedemeister Friedrich Lutzmann könnte Opel 1999 kaum das 100-jährige Bestehen als Automobilmarke feiern, schließlich entwickelte der Dessauer Unternehmer ein eigenes Automobil, das er nach fünfjähriger Produktionszeit in der eigenen Werkstatt samt Fertigungsanlagen nach Rüsselsheim verkaufte. Man schrieb das Jahr 1899, als die Gebrüder Opel ihr Sortiment neben Fahrrädern und Nähmaschinen auch auf Automobile mit Namen »System Lutzmann« ausweiten.

Damit kommt auch Friedrich Lutzmann die Rolle eines Automobilpioniers zu. Und der Dessauer steht sogar in direkter Verbindung zu Rover und Benz: In seiner Werkstatt werden auch Fahrräder verkauft und repariert, unter anderem mit Rover-»Kreuzgestell-Sicherheitsrahmen«. Und schließlich motiviert ihn 1893 das erste im Ort verkehrende Automobil aus der Werkstatt von Carl Benz zum Bau eines eigenen »Selbstfahrers«. Doch zuvor erwerben Lutzmann und sein Dessauer Geschäftsfreund Koch 1893 einen Benz Victoria Vis-à-Vis und überführen ihn eigens von Mannheim an die Elbe. Flugs bieten sie ihre Fahrdienste an: Sie eröffnen den Linienverkehr von Dessau über Oranienbaum nach Görlitz, befahren aber nach Bedarf auch andere Strecken. Damit betreiben sie wohl das erste Omnibus- und Taxiunternehmen Deutschlands.

Als der Kunstschmied das örtliche Palais einzäunen darf, erhält er neben dem Lohn auch das Recht, den Titel eines Hofschmiedemeisters zu führen. Viel ist von seinem Werk indes nicht übrig geblieben: Einzig ein inzwischen vom Zahn der Zeit arg angenagter Zaun rund um eine ehemalige Industriellenvilla und die abrissreife Werkstatthalle markieren die letzten Spuren Lutzmanns. Nur eine Straße in der Stadt, die vor allem durch Walter Gropius, dessen »Bauhaus«, die Junkers-Flugzeugwerke und die chemische Industrie bekannt wurde, soll an den Namen des Tüftlers erinnern. Die exakte Zahl der von Lutzmann in Dessau gefertigten Automobile ist nicht mehr bekannt. Die Aufzeichnungen kamen beim Umzug oder in den beiden Kriegen abhanden. Doch viele waren es ohnehin nicht.

Jörg Walz in
Auto Zeitung
26/99

Opel »System Lutzmann« (Vitesse)

Lutzmann verkaufte seine Wagen unter anderem auch nach Großbritannien, wo damals ein Mann mit einer warnroten Fahne vor dem höchstens sechseinhalb Kilometer pro Stunde schnellen Fahrzeug herlaufen musste. Tatsächlich erlaubt der dreieinhalb Pferdestärken leistende Wagen eine Spitzengeschwindigkeit von rund 30 km/h. Doch die war und ist auf den holprigen Straßen nur selten zu erzielen. Das Lenken des mittels Kurbel gesteuerten, bockigen Gefährts ist schwierig, vorausschauende Fahrweise wegen der mangelhaften Hinterachsbremse Pflicht. Feuchte Witterung hemmt den Vorwärtsdrang, denn dann rutschen die beiden ledernen Antriebsriemen durch, die die Motorkraft an die Hinterachse weitergeben. Um das zu verhindern, müssen die Riemen dann und wann mit Wachs präpariert werden. Doch noch vor Fahrtantritt wird die Geduld des Lenkers auf eine harte Probe gestellt. Die Startprozedur ist heute noch so zeitraubend wie vor 100 Jahren: Erst wird die Zündspule mittels Batteriehauptschalter mit mageren sechs Volt versorgt. Danach gilt es, den Benzinhahn aufzudrehen und dem Vergaser durch mehrfaches Drücken des »Tupfers« Brennstoff zuzuführen. Über eine unter dem Fahrersitz angebrachte Rändelmutter schaltet der Fahrer den für die Zündung notwendigen Magneten ein und fixiert die Zündung auf den richtigen Zündzeitpunkt. Der daneben befindliche Gashebel steht auf drei Viertel. Im Motorrad wird die Schwungscheibe gedreht, bis die Markierung für den oberen Totpunkt des Kolbens kurz vor dem Zündschleifer steht. Doch bevor der Fahrer den Motor mit — im besten, allerdings seltensten Fall — einem kräftigen Ruck über die Anlasserkurbel starten kann, muss er noch die Ölgläser öffnen. Sie versorgen die Haupt- und Pleuellager des liegend montierten 1.545 cm^3 großen Einzylinders mit dem notwendigen Gleitmittel. Um keine Lagerschäden zu riskieren, sind die Tropfgefäße übrigens spätestens nach zweistündiger Fahrt wieder neu aufzufüllen. Dafür findet der Automobilist unter der kleinen Motorhaube ein kleines Ölkännchen. Und damit Kolben und Pleuel nicht im Öl plantschen, sollte er auch nicht viel später das Altöl aus der Ölwanne entfernen.

Lutzmann kannte damals noch keine Kupplung. Auf dem Boden steht einzig das Bremspedal, mit dem — wie auch mit dem verchromten Handhebel — ein Metallband auf die Hinterachse gezogen wird. So kann von Bremswirkung kaum die Rede sein. Und auch das Anfahrmanöver vollzieht sich mit ähnlicher Geruhsamkeit: Ein an der Lenksäule angebrachter Hebel dient als Anfahrhilfe und stellt den kurzzeitigen Kraftschluss zwischen Motor und Hinterachse her.

Wenn der Lutzmann dann rollt, muss der Fahrer den Hebel wieder loslassen und über den unterhalb der Lenkkurbel angebrachten Schalthebel erst den Antriebsriemen des kleineren »Getriebe-

Wie beim Lutzmann sitzen die vier Insassen des Schaeffler Mover vis-à-vis, also paarweise gegenüber. 120 Jahre nach den noch kutschenähnlichen Automobilen erscheinen Mobilitätskonzepte auf der Bildfläche, die wieder Anleihen an die Anfänge des »Selbstfahrers« (der wortwörtlichen Übersetzung von Automobil) aufweisen. Im Jahr 202x fahren die neuen Stadt-Fahrzeuge nicht nur elektrisch, sondern tatsächlich selbstständig, sprich vollkommen automatisiert.

Schaeffler Mover (3D-Druck)
Baden Baden

rads«, danach den der schnelleren Übersetzung auflegen. Beschleunigt wird dabei mit dem in Kniehöhe angebrachten Gashebel. Daher bleibt zum Lenken nur eine Hand frei — leider.

Die Lenkung des vollgummibereiften Vehikels verursacht ein für heutige Verhältnisse abenteuerliches Fahrverhalten. Hinzu kommt noch, dass die Passagiere auf der vorderen Sitzbank vis-à-vis und damit genau im Blickfeld des Chauffeurs sitzen und die miserablen Bremsen ein spontanes Anhalten verhindern. Da ist es ein Segen, dass der Lutzmann im Schnellgang bei seiner maximalen Drehzahl von 650/min heute allenfalls mit dem Vorwärtsdrang von Radfahrern und Inlineskatern mitzuhalten vermag.

#Den Motor im Rad

»Ein automobiler Wagen, ohne Vorgelege und ohne Transmission, dessen Motor in den Rädern liegt und dessen Vorderräder Lenkung und Antrieb zugleich bilden, dies sind in knappen Worten die epochalen Neuheiten eines elektrischen Phaetons, das die Wiener k.u.k. Hof-Wagen- und Automobilfabrik Jacob Lohner u. Co. in Gemeinschaft mit dem Constructeur, Herrn Porsche, hergestellt hat«, so weiß die *Allgemeine Automobil-Zeitung* am 25. Februar 1900 zu berichten. Und weiter: »Der Elektromotor ist bekanntlich ein ganz wunderbarer Antrieb, der dem Constructeur eine viel größere Bewegungsfreiheit gestattet als irgendein anderer, und darauf haben Lohner-Porsche ihr System aufgebaut.« Als weiteren Vorteil nennt der Redakteur die zu erwartende Zuverlässigkeit des Elektrofahrzeugs durch den Wegfall von defektanfälligen Teilen wie beispielsweise einem Getriebe.

Heute, zwölf Jahrzehnte später, ist die damalige Einschätzung so aktuell wie kaum zuvor. Doch auch damals gibt es Gründe, die einem nachhaltigen Siegeszug der Elektromobilität im Wege stehen: die Reichweite, eine noch nicht ausgereifte Batterietechnologie und die Kosten. So ist das für leistungsstarke Antriebe notwendige Kupfer so teuer, dass man sich für den Gegenwert des für die Motorenwicklung verwendeten Edelmetalls leicht ein Fahrzeug kaufen könnte. Und die Batteriezellen verfügen zum einen nicht über eine für längere Fahrstrecken taugliche Energieleistung und erweisen sich zum anderen als anfällig gegenüber Erschütterungen. Deshalb entwickelt Porsche für seinen ebenfalls aus dem Jahr 1900 stammenden Semper Vivus einen schwingend gelagerten Batteriekasten, der unterhalb des Rahmens federnd aufgehängt ist. Die Montage zweier De-Dion-Benzinmotoren zusätzlich zu den wiederum in den Vorderrädern platzierten elektrischen Radnabenantrieben macht den Wagen zu einem der ersten Hybrid-Automobile der Geschichte. Die Benzintriebwerke sind zum Erzeugen der elektrischen Energie gedacht — so etwas nennt man heute im Automobil »Range Extender«. Dieses Prinzip kommt später aber auch bei Lokomotiven und Fährschiffen zum Einsatz. Porsche möchte so auf schwere Batterien verzichten können. Allerdings verfolgt er diese Idee nicht weiter. Stattdessen geht er im September 1900 mit einem wiederum mit Radnabenantrieben ausgestatteten Rennwagen Typ J an den Start des in Wien ausgetragenen Semmering-Bergrennens. Er erzielt eine neue Rekordzeit und nennt seine Konstruktion in Anspielung auf das zigarrenförmige Rekordfahrzeug des Belgiers Jenatzy »La Toujours Contente«, »Die stets Zufriedene«.

Lohner-Porsche (Fahr(T)raum)
Nürnberg

#Luxus und Höhenflüge

»Die Erfindung eines Gottlieb Daimler wird für die Entwicklung des Verkehrsgeschehens wohl ohne große Bedeutung bleiben.«

aus der Enzyklopädie *Der Große Brockhaus,* 1896

Das obige Zitat ist ein guter Beweis dafür, dass Lexika sicher dafür taugen, Zurückliegendes zusammenzufassen und Existentes zu erklären. Mit Prognosen sieht es da nicht so glücklich aus. Wir alle wissen um die Bedeutung des Automobils in puncto Verkehrsgeschehen. Und das weltweit. Für die Geschichte des Automobils spielt auch eine Reihe von Briten eine Rolle. Mit dazu zählt Montague Napier, der bis 1924 Automobile unter seinem Familiennamen auf die Straße bringt. Berühmt werden die Fahrzeuge der Marke nach dem Sieg des von Paris nach Innsbruck führenden Gordon-Bennett-Rennens 1902 und nachdem der sechszylindrige, sagenhafte 100 PS starke Napier 6 anno 1905 im amerikanischen Daytona mit über 104 Meilen pro Stunde, umgerechnet mehr als 168 km/h, einen Geschwindigkeitsrekord knapp oberhalb der 100-Meilen-Grenze aufstellt. Mittlerweile machen Fahrzeuge mit verbrennungsmotorischem Antriebsstrang das Rennen …

Aber auch Napier spürt die wirtschaftlichen Nöte der Zeit vor dem Ersten Weltkrieg. In den Kriegsjahren tritt die Fertigung von Flugzeugmotoren – und hier führt kein Weg an kraftstoffgetriebenen Aggregaten vorbei – an die Stelle der Produktion von Luxusautomobilen. Napiers Flugmotorenfertigung erweist sich als überaus erfolgreich und stellt auch nach Kriegsende den dominierenden Teil der Aktivitäten des Unternehmens dar, das sich ab Mitte der 20er vollends auf die Luftfahrt konzentriert. Im Wettbewerb mit weiteren Motorenherstellern entsteht eine weitere Branche, die für die Entwicklung des Verkehrsgeschehens in den folgenden Jahrzehnten eine zunehmend größere Bedeutung erlangen wird.

Napier 6 (Brumm)
Pottenstein, Fränkische Schweiz

#Kutschen ohne Pferde

»Das Auto ist eine vorübergehende Erscheinung.
Ich glaube an das Pferd.«

Kaiser Wilhelm II. (letzter Deutscher Kaiser und König von Preußen, 1859—1941)

Und als wäre es eine Bestätigung für den heute erwiesenermaßen grandiosen Irrtum des Kaisers, kommen die Automobile jener Tage noch daher wie Kutschen ohne Pferde, hoch bauend, mit großen schmalen Speichenrädern über die sich mehr oder weniger ausladende Kotflügel schwingen. Dementsprechend lautet auch die Berufsbezeichnung der Fachkräfte, die sich damals mit dem Aufbau und Erhalt der Fahrzeuge beschäftigen: Stellmacher beziehungsweise Wagner. So wird das Handwerk derer bezeichnet, die aus Holz Räder und Wagen herstellen. Für die stählernen Arbeiten zeichnen Spengler und Schlosser verantwortlich. Bis Karosserien jedoch großflächig aus Stahlblech entstehen, werden noch Jahrzehnte vergehen. Der Citroën 11 CV und der Opel Olympia von 1934 werden die ersten europäischen Fahrzeuge mit selbsttragender Stahlblechkarosserie sein.

Mit der Weiterentwicklung des Automobilbaus und der zum Einsatz kommenden Technologien sowie den sich wandelnden Anforderungen ändert sich dementsprechend auch im Lauf der Jahrzehnte die Bezeichnung der Autofachkräfte über Fahrzeugschlosser und Automechaniker bis hin zum heute gebräuchlichen Begriff Kfz-Mechatroniker.

Audi Typ A (Minichamps)
Erlangen

#Am laufenden Band

»Hätte ich die Menschen gefragt, was sie haben wollen, hätten sie gesagt: schnellere Pferde …«

Henry Ford

»Ich möchte ein Auto für die ganze Gesellschaft bauen«, so lautet die Motivation von Henry Ford. Der Weg dahin führt über das Fließband. Und das ist neu, zumindest im Fahrzeugbau. Die Idee dafür kommt Ford beim Besuch in einem Schlachtbetrieb. Und er überträgt das System auf die Fertigung seines 1908 erscheinenden Model T. Gern erklärt er das Erfolgsrezept der neuen Arbeitsorganisation: »Sparen Sie zehn Schritte am Tag für 12.000 Mitarbeiter. Damit erhalten Sie 50 Meilen an überflüssiger Handarbeit und vergeudeter Energie, die eingespart werden können.«

Henry Ford ändert damit den Arbeitsalltag seiner Mitarbeiter. Zugleich macht er sich auch Gedanken um weitere Absatzmöglichkeiten seiner anfangs noch teuren Produkte: »Die Menschen, welche den Großteil der Waren verbrauchen, sind diejenigen, die diese Waren herstellen. Diese Tatsache sollte nicht vergessen werden. — Sie ist das Geheimnis unseres Wohlstandes«, gibt Ford zu Protokoll. Mit zunehmender Rationalisierung seiner Fertigung, aber auch bei der Beschaffung der Einzelteile kann Ford den Preis für sein Fahrzeug von Jahr zu Jahr senken, macht das Automobil auch für seine Mitarbeiter erschwinglich und hat damit den Schlüssel zur Massenmotorisierung in der Hand. So fällt der Preis für das Model T zwischen 1909 und 1916 um über die Hälfte von anfangs 850 auf 360 US-$. Das wird unter anderem auch dadurch möglich, dass Ford seine Zulieferer auffordert, die von ihm benötigten Teile, wie zum Beispiel die hölzerne Bodengruppe, in von ihm vorgegebenen Maßen zu liefern — ohne Mehrpreis natürlich. Aber die Nachbearbeitung im Hause Ford entfällt fortan. 1910 entstehen bereits fast 34.858 Model T. In Deutschland sind zu jener Zeit gerade einmal 24.639 Automobile registriert. Im selben Jahr werden in den USA übrigens 265 Automobilhersteller gezählt, von denen indes 75 weniger als 75 Autos pro Jahr fertigen. 1916 produziert Ford bereits 785.063 Fahrzeuge und macht sich auch Gedanken über die Arbeitszeit und das, was sich heute neudeutsch »Work-Life-

Ford Model T (Minichamps)
Brooklyn Bridge, New York City

Balance« nennt: »Wo Menschen am längsten arbeiten und damit die geringste Freizeit haben, kaufen sie die wenigsten Güter.«

Einen ähnlichen Gedanken verfolgen die Nationalsozialisten in Deutschland mit der von der Deutschen Arbeitsfront ins Leben gerufenen KdF-Bewegung (Kraft durch Freude). Unter dem Kürzel bietet das Regime Kuraufenthalte in Hotels sowie auf Kreuzfahrtschiffen an, und auch ein KdF-Wagen entsteht. Zumindest der Plan dazu. Für konkurrenzlos günstige 990 RM lässt sich der von Ferdinand Porsche unter Schirmherrschaft Adolf Hitlers entstandene KdF-Wagen ansparen. Aber noch bevor die emsigen Sparer ihr Guthaben in wahre Autos umtauschen können, beendet der ausbrechende Zweite Weltkrieg das Unternehmen. Statt der luftgekühlten Heckmotor-Limousine — die nach dem Krieg als Volkswagen Käfer eine grandiose Karriere erlebt — entstehen im KdF-Wagenwerk Fallersleben, im Schatten der Wolfsburg, Kübel- und Schwimmwagen für das Militär. Nach dem abrupten Ende des »1.000-jährigen Reiches« leistet dann aber auch der Volkswagen seinen Beitrag zur Massenmotorisierung. 1955 läuft der 1.000.000. Käfer in Wolfsburg vom Band. Und mit zunehmender Nachfrage werden die niedersächsischen Produktionskapazitäten schon bald auch in anderen Teilen der Erde ausgeweitet. Südamerika macht den Anfang. »Es gab Zeiten, da sprach noch keiner von Globalisierung, aber der VW Käfer lief in aller Welt«, so Ex-Bundespräsident Horst Köhler.

Eine weitere Grundlage für den Erfolg des Ford Model T und des VW Käfer ist — neben ihrer Preiswürdigkeit — auch deren Unaufgeregtheit: Jedwede Bevölkerungsschicht ist mit Ford und Volkswagen gut motorisiert. Henry Ford brachte es auf den Punkt: »Ein vernünftiges Auto soll seinen Besitzer überallhin transportieren — außer auf den Jahrmarkt der Eitelkeiten.«

Volkswagen »Käfer« (Schuco)
Burgstall

#Imagebildender Frühsport

1910 findet die Prinz-Heinrich-Fahrt bereits zum dritten Mal statt. Für den jungen Automobilkonstrukteur Ferdinand Porsche eine willkommene Gelegenheit, die Leistungsfähigkeit seines für Austro-Daimler entwickelten Automobils unter Beweis zu stellen. Der junge Mann aus Böhmen gewinnt mit dem 27/80 vor zwei weiteren Austro-Daimler, die daraufhin die Bezeichnung »Prinz-Heinrich-Wagen« erhalten. Für Porsche ist es ein weiterer wichtiger Schritt auf seinem automobilen Werdegang, der ihn weiter zu Daimler – wo er hinter den erfolgreichen Mercedes-Benz-Modellen S, SS und SSK steht – und in die Selbstständigkeit führt. Er entwickelt für Zündapp, NSU und Wanderer. Für die Auto Union konstruiert er unter anderem den legendären 16-Zylinder-Mittelmotor-Grand-Prix-Boliden Typ C, bevor er mit dem KdF-Wagen den Grundstein für die Sportwagenmarke legt, die sein Sohn »Ferry« nach dem Zweiten Weltkrieg zur Blüte treibt.

August Horch, Gründer des gleichnamigen Automobilherstellers und später der Marke Audi (Audi steht im Lateinischen für »horch«), verfolgt die gleichen Ziele: Aufmerksamkeit und Vertriebsförderung. »Der Erfolg der Alpenfahrt wirkte sich sofort aus«, erinnert sich August Horch in seinen Memoiren Ich baute Autos, »wir bekamen viele Aufträge. Unsere Vertreter und Händler verlangten unaufhörlich auch kleinere Wagen und Zwei-Tonnen-Lastwagen.« Dementsprechend erweitert Horch seine Modellpalette um die angefragten Autos. Die Audi »Alpensieger« machen aber nicht nur durch ihre Siege von sich reden (Audi gewinnt die Alpenfahrt dreimal in Folge), auch ihre auffällige Farbgebung wird zum Gesprächsstoff: »Unsere Wagen wurden sehr beachtet«, erinnert sich Horch, »und da wir sie wieder wie im vorigen Jahr schwarzgelb lackiert hatten, murmelten einige Zuschauer bei der Abnahme so etwas wie ›gelbe Gefahr‹!« Auffällige Farbgebung ist bis heute ein Thema im Motorsport. Und in den 70er-Jahren werden bunt leuchtende Signaltöne sogar zu automobiler Mode mit Sicherheitsaspekt.

Und auch südlich der Alpen gehört für die ehrgeizigen Fahrzeugbauer das Messen der Kräfte im Sport zum Tagesgeschäft. Die Società Anonima Lombarda Fabbrica Automobili, kurz ALFA, macht sich mit Rennsiegen bei zahlreichen Veranstaltungen einen Namen, der die Strahlkraft der Marke bis heute nährt. Das grüne vierblättrige Kleeblatt, das »Quadrifoglio Verde«, dient Targa-Florio-Sieger Ugo Sivocci 1923 als Maskottchen und wird zur Insignie der sportlichsten Alfa Romeo bis heute. Und gern kaufen wohlhabende Kunden beiderseits der Alpen den sportlichen Alfa Romeo 6C 1750, mit dem Tazio Nuvolari neben zahlreichen Rennen auch die legendäre Mille Miglia für sich und Alfa Romeo entscheiden kann.

Die Liste der Automobilmarken, die ihren Wohlklang auch auf dem Fundament sportlicher Erfolge aufbauen, lässt sich beliebig fortsetzen. Renault, Bugatti, Bentley, Ferrari, Porsche und zahllose weitere gehören dazu.

Alfa Romeo 6C 1750 (M4), Austro-Daimler 27/80 »Prinz-Heinrich-Wagen« (Fahr(T)raum), Audi 14/35 Typ C »Alpensieger« (Neo Models)

#Das Vermächtnis des Herrn Bugatti

Luxus, Luxus, Luxus — Ettore Bugatti war nie ein bescheidener Typ. Folgerichtig stellte er den wohl größten, schwersten und luxuriösesten Pkw aller Zeiten auf die Räder: den Bugatti Type 41 »Royale«. Länge bis 6,50 Meter, Radstand 4,53 Meter, Motor 14,7 Liter Hubraum (Prototyp), dann 12,8 (Serie). Wie damals üblich, lieferte Bugatti nur das »Rolling Chassis«, überwachte allerdings akribisch, welche Karosserien von den (natürlich) edelsten Blechschneidern darauf geschraubt wurden. Der von einem Flugzeugmotor abgeleitete Monoblock-Achtzylinder mit drei Ventilen pro Brennraum kam ohne Zylinderkopf aus, was ihn besonders widerstandsfähig machte. Rund 275 Pferdestärken ermöglichen eine Höchstgeschwindigkeit von rund 200 km/h. Aber mit einem Verbrauch von 55 Litern auf 100 Kilometern hat das 3,2 Tonnen schwere Fahrzeug auch einen überdurchschnittlichen Durst. So innovativ der Type 41 war — er war letztlich zu groß und zu teuer. So raffte die Weltwirtschaftskrise 1929 den drei Jahre zuvor vorgestellten »Royale« dahin. Nur sechs komplette Fahrzeuge und ein weiteres Chassis entstanden. Übrigens: Wer das Fahrzeug in Natura bestaunen möchte, dem sei ein Besuch im ehemaligen Museum der Gebrüder Schlumpf, im Museum d'Automobiles, im französischen Mulhouse ans Herz gelegt.

Jörg Walz in *tomorrow* (»Energie«, 2017)

Bugatti Type 41 »Royale« (Ixo)

#Stilvoll überlegen

Fast 2.931 Kilometer liegen hinter den »Bentley-Boys« Glen Kidston und Woolf Barnato, als sie am 22. Juni 1930 letztmalig die Ziellinie in Le Mans kreuzen. Fast hat es den Anschein, dass der Sieg in Le Mans nur mit einem Bentley zu erzielen ist, schließlich ist es der nunmehr fünfte Bentley-Triumph bei der erst achten Ausgabe des heute längst zum Langstreckenklassiker gewordenen 24-Stunden-Rennens. Nach dem 3 Liter Sport von 1924 und 1927 sowie dem 4,5 Liter von 1928 siegt 1929 und 1930 der Speed Six mit 6.597 cm^3 Hubraum, verteilt auf sechs Zylinder in Reihe. Die vierzylindrigen Blower Bentley (4,5 Liter mit Kompressor-Aufladung), die Tim Birkin — der wohl schillerndste »Bentley-Boy« — an den Start bringt, erweisen sich als schnell, erreichen in jenen Jahren aber nicht das Ziel.

Die Speed Six hingegen zeichnen sich durch Haltbarkeit, Drehmoment und — dank innovativen Nockenwellenantriebs — hohe Laufkultur aus. Die 182 gebauten Speed Six sind an ihren schmaleren Kühlern mit grünem Signet erkennbar und werden ab Frühjahr 1929 dem Standard Six mit 140 PS zur Seite gestellt. Dank klassischer Tuningmaßnahmen erstarken die Speed Six auf bis zu 200 Pferdestärken. Vier Ventile pro Brennraum, ein Leichtmetall-Kurbelgehäuse und eine doppelte Zündanlage mit Zündspule und Zündmagnet sind — wie die Einscheiben-Trockenkupplung und Trommelbremsen rundum — für alle 6,5-Liter Standard.

Firmengründer W. O. Bentley bezeichnete »Babe« Barnato als »den besten Fahrer, den Bentley je hatte«. Und tatsächlich gewinnt der »Bentley-Boy« von 1928 bis 1930 dreimal in Folge und ist bis heute der einzige Teilnehmer, der jede Le-Mans-Teilnahme für sich entscheiden kann. Doch seine Rolle für Bentley ist weit wichtiger als die des Fahrers, schließlich hilft der wohlhabende Captain Woolf Barnato 1926 der Marke in Zeiten wirtschaftlicher Schieflage aus der Patsche und übernimmt den Vorstandsvorsitz.

Bentley 4.5 Litre »Blower« (Matchbox)

Jörg Walz in *Geschichte des Motorsports* (erste Auflage)

Bentley Speed Six (Brumm)

#Für Könige und Renn-Titanen

Vittorio Jano ist einer der begnadetsten Automobil-Konstrukteure im Jugendalter des Automobils. 1923 holt Enzo Ferrari, Besitzer des Rennteams Scuderia Ferrari, den jungen Italiener von Fiat zu Alfa Romeo, wo er mit höchst erfolgreichen Konstruktionen von sich und der Marke aus Mailand reden macht. Wegweisend ist beispielsweise die Ventilsteuerung seiner Motorkonstruktion mithilfe obenliegender Nockenwellen sowie die Verwendung gewichtsparenden Aluminiums. Er konstruiert Renn- und Straßenfahrzeuge gleichermaßen, wobei bei Alfa Romeo die Übergänge fließend sind. Mit dem 8C stellt er eines der Superlative automobiler Baukunst der Vorkriegszeit auf die Räder. Und der 8C ist ein Universalgenie: Als viersitziger Tourer siegt er wiederholt beim 24-Stunden-Rennen von Le Mans, in zweisitziger Sportwagen-Ausführung bei der Mille Miglia, Targa Florio und weiteren zahllosen Rennen, und als Monoposto wird er zum Grand-Prix-Sieger. Und für die weitere, weniger sportlich gesinnte Kundschaft zaubern die damaligen Karosseriebaukünstler wie Farina, Viotti, Vanden Plas, Touring, Castagna, Figoni und Konsorten zahlreiche weitere Varianten: offen und geschlossen, Spider, Cabriolets, Coupés und Limousinen, mit denen sich auch vor der Oper Staat machen lässt — oder bei einem der damals populären Concorsi d'Eleganza.

Der Hubraum des 1931 erscheinenden 8C wächst im Lauf der Zeit von 2.300 über 2.600 auf 2.900 Kubik (1935). Mithilfe zweier Kompressoren leisten die in Reihe mit Mitteltrieb konstruierten Triebwerke bis zu 330 PS (im Rennboliden Tipo C) und immer noch mehr als die beachtlichen 180 Pferdestärken bei den Straßenversionen. Das reicht für eine Höchstgeschwindigkeit von bis zu 185 km/h. Mit dem ausbrechenden Krieg gehen in Europa die Lichter aus. Für die motorsport- und technikbegeisterten Ingenieure bedeutet das das zwischenzeitige Ende ihrer automobilen Ambitionen. Die angedachten Zwölf- und 16-Zylinder bleiben in erster Linie Gedankenspiele und Prototypen. Stattdessen haben sich die Igenieure die nächsten Jahre der Konstruktion von Militärfahrzeugen und Flugmotoren zu widmen.

Alfa Romeo 8C 2300 LM (Ixo),
Alfa Romeo 8C 2900 lungo (Minichamps)

Alfa Romeo 8C 2900 B (Altaya/TSM Models)
München

#Alles im Strom

Die Geschwindigkeit ist einer der großen Parameter, die das letzte Jahrhundert geprägt haben. Der Philosoph Paul Virilio fasst die Erkenntnis um die Faszination und den Stellenwert der Geschwindigkeit folgendermaßen zusammen: »Nichts beeinflusst unser Leben so sehr wie die Geschwindigkeit. Die Macht hat immer der Schnellere – auch die Macht, die Welt zu verändern.«

Die Wurzeln für die Bedeutung der Geschwindigkeit liegen im ausgehenden 19. Jahrhundert, doch in der ersten Hälfte des 20. Jahrhunderts wurden sie kultiviert. Die Bevölkerung wurde in ihrem Konsumverhalten und in ihren politischen Ansichten als lenkbar erkannt. Alles Schnelle genoss den Status, en vogue zu sein. Wer sich mit Gegenständen, die Schnelligkeit vermitteln, umgab, der durfte hoffen, dass die Effizienz, Dynamik und Mächtigkeit, die diesen Gegenständen sinnbildlich innewohnt, von Außenstehenden auf ihn übertragen wurde.

Alfa Romeo 6C 2500 Super Sport Spider Touring (Top Model)

Das Eisenbahnnetz wuchs rapide. Und mit den besser werdenden Verbindungen zwischen den Städten gewann die Geschwindigkeit des Reisens zunehmend an Bedeutung, oftmals war sie der Qualitätsmesser des Reisemittels. Flugzeuge nahmen erste Passagiere an Bord, um sie rasch von einem Ort an einen anderen zu befördern, und Schiffe überquerten auf der Jagd nach dem »Blauen Band« in immer neuen Rekordzeiten den Nordatlantik. Die Welt ist ganz fanatisch auf Geschwindigkeitsrekorde, sowohl im Wasser als auch in der Luft und auf der Erde. Gleichermaßen war das Auto von dieser Entwicklung betroffen, denn Automobilwettfahrten gab es seit seiner Erfindung.

Seit Menschengedenken ist bekannt, dass es Kraft kostet, gegen den Wind anzurennen. Und da der stärkste Gegner im Kampf um die immer höhere Geschwindigkeit und neue Rekorde der Wind ist, liegt die Optimierung der Aerodynamik von Flugzeug, Luftschiff, Eisenbahn und Automobil nahe. Das Resultat dieser Denkarbeit ist die »Stromlinie«.

Das von Emilio Castagna karossierte Modell ALFA 40/60 HP dient der gesamten Automobilbranche als Urahn des stromlinienförmigen Autos. Es entstand 1914 als Unikat für den Conte Marco Ricotti. Auf den von ALFA gelieferten Rahmen setzte Castagna einen tropfenförmigen und damit aerodynamisch vorbildlichen Rotationskörper. Der Fahrer saß hinter einer großen, um die Front gezogenen dreiteiligen Scheibe. Die Passagiere blickten durch insgesamt acht bullaugenförmige Seitenscheiben. Unterhalb der großflächigen Frontscheibe befand sich, nach hinten

ALFA 40/60 HP Aerodimanica (Rio)
Salzburg

versetzt, der Kühler. Seitlich davor sorgten zwei große Scheinwerfer für Licht.

Das aerodynamische Hauptproblem dieses Wagens mit unlackierter Aluminiumkarosserie bestand in den freistehenden Rädern, den der Karosserie angefügten geradlinigen Kotflügeln und den unverblendeten Leuchten an Front und Heck. Der Wagen verdeutlicht so den noch geringen Erkenntnisstand um die optimale Fahrzeugform. Dessen ungeachtet war der Entwurf seiner Zeit weit voraus, nahm er doch die erst über zehn Jahre später auftauchende Stromlinie am Automobil vorweg. Der 40/60 HP Aerodinamica war dank seiner Form 139 km/h schnell. Das waren trotz identischer Technik rund 15 km/h mehr als bei der Standardversion. Angetrieben wurde er von einem Sechsliter-Vierzylinder, der bei 2.200/min 73 PS abgab.

Allerdings muss es in dem heute nur noch als Nachbau existenten extravaganten Sechssitzer des Grafen Ricotti höllisch laut und heiß gewesen sein, denn später verschwindet das Dach und macht damit die Stromlinienbestrebungen obsolet. Doch der Siegeszug dieser Formgestalt ist nicht aufzuhalten. Nicht in den USA, Deutschland, Frankreich oder Italien. Zu verführerisch ist der Geschwindigkeitsgewinn bei gleicher Motorleistung. Das wird für Rekord- und Rennfahrzeuge faktisch Gesetz, doch auch auf der Straße wird es zunehmend schick. So verschmelzen Kotflügel und Karosserie mehr und mehr zu einer Einheit und ebnen den Weg zur monolithischen Gestalt, wie wir das Automobil spätestens ab den 50er-Jahren des 20. Jahrhunderts kennen.

Fahrzeuge wie die bei »Pinin« Farina und der Carrozzeria Touring eingekleideten Alfa Romeo 6C – die Mailänder Couturiers gestalten unter anderem auch aerodynamische Karossen für BMW-Rennwagen – sind typische Vertreter dieser Mode und beweisen den Spagat zwischen motorsportlichem Wettbewerb und automobiler Haute Couture. Im Hause BMW obliegt ab 1937 die Wagengestaltung übrigens nicht mehr allein nur den Technikern, sondern der eigens geschaffenen Abteilung »Künstlerische Gestaltung«. Dementsprechend harmonisch ist auch der Auftritt des von der seinerzeit populären Stromlinienform inspirierten BMW 327.

Weitere Beispiele liefern der VW Käfer und der Porsche 356, deren Formgeber zuvor den Berlin-Rom-Wagen für die gleichnamige Wettbewerbs-Fernfahrt schaffen. Wegen des mittlerweile ausgebrochenen Zweiten Weltkriegs kommt dieser indes erst nach dem Krieg und in Händen – beziehungsweise in der Hand, denn nach einem Motorradsturz ist Mathés rechter Arm gelähmt – des österreichischen Privatfahrers Otto Mathé erfolgreich zum Einsatz.

Alfa Romeo Berlinetta Aerodinamica Technica 5 (Bizzare)
Auto Union Typ C Rekordwagen (Brumm)

Jörg Walz in *Der ästhetische Historismus – Die Stromlinienautomobile von Alfa Romeo*, 1994

Alfa Romeo 6C 2300 Pescara (RaMei), BMW 327 (Schuco),
Mercedes-Benz 540 K Autobahnkurier (DeAgostini), Berlin-Rom-Wagen (Porsche Museum)

#Flucht nach vorn

Als Gangsterlimousine erlangt der Citroën Traction Avant Weltruhm. Der Motor ist gar nicht einmal eine Wucht, doch sein tiefer Schwerpunkt, sein gut abgestimmtes Fahrwerk und — vor allem — der Frontantrieb machen die geräumige Limousine zu einem begehrten Fluchtfahrzeug für schlimme Finger, die ihre Verfolger deutlich hinter sich lassen wollen. Als Spitzname bleibt der Begriff Gangsterlimousine im Gedächtnis. Der große Citroën erscheint 1934 mit selbsttragender Ganzstahlkarosserie — und das ist damals ebenfalls eine Sensation. Das Urmodell hat einen 32 PS starken 1,3-Liter-Vierzylinder. Hubraum und Leistung steigen auf bis zu 1,9 beziehungsweise 2,9 Liter (als Sechszylinder) sowie 60 respektive 77 PS. Dementsprechend hören die bis 1957 produzierten Traction Avant auf die Bezeichnungen 7, 11 und 15-six. Der Traction Avant läuft parallel zum 2 CV, der Ente, vom Band und wird auch noch angeboten, als der DS bereits im Schaufenster der Citroën-Händler steht. Vor dem Krieg wird der Citroën »7« Front, wie er in Deutschland heißt, auch in Köln produziert.

In Deutschland macht vor allem DKW mit dem »Front« Werbung für den Vorderradantrieb, der seit Mini, Golf und Co. weltweit längst zum Standard für kleine, kompakte und Mittelklasse-Fahrzeuge geworden ist. DKW bezeichnet die bis 1939 produzierten Modelle F1 bis F8 als »Frontwagen« — wegen ihres Frontantriebs. Dennoch sind die einfach zu fahrenden, leichten Fahrzeuge auch beliebte Beute des Militärs und werden in großer Zahl während des Kriegs für den Fronteinsatz beschlagnahmt. Mit insgesamt 218.000 DKW Front wird der kompakte Zweitakter mit kunstlederbespannter Sperrholzkarosserie zum beliebtesten Automobil Vorkriegs-Deutschlands. Nach dem Krieg erscheint dann der stromlinienförmig karossierte DKW F89. Als eines der Fahrzeuge aus der Produktion der mit vier Ringen gekennzeichneten Auto Union steht er am Anfang einer Tradition, auf der heute Audi seinen Weltruhm aufbaut. Und — was zumindest die Nachkriegsfahrzeuge anbelangt — bei Audi ändert erst das Erscheinen des quattro mit Allradantrieb die Alleinherrschaft des Frontantriebs.

DKW F89 (EMC)
Puerto Galera, Philippinen

Citroën Traction Avant (Altaya)
Erlangen

#Auf großer Fahrt

Tim im Kongo beziehungsweise *Tintin au Congo* im Original heißt der Comicband, der am Beginn einer langen Reihe von spannenden Geschichten steht, die der entdeckungsfreudige Reporter Tim mit seinem Foxterrier Struppi in aller Herren Länder (und auch im Weltraum) erlebt. Die allererste Reise führt das Duo nach Russland; im ersten, heute noch koloriert erhältlichen, weil etliche Male neu aufgelegten Band, reisen die beiden in einem mit Kamera, Stativ und sonstigem Gepäck gut beladenen Ford Model T durch Belgisch-Kongo und müssen unter anderem erleben, wie ihnen der fahrbare Untersatz gestohlen wird. Auch wenn diese Geschichte alleinig der Fantasie des Comickünstlers Hergé entspringt, so zeugt sie doch von der langen Sehnsucht, die Welt zu erkunden und fremde Länder zu entdecken. Und mit der Erfindung des Automobils wird das um ein Vielfaches einfacher, als es noch zu Zeiten von Marco Polo, Christoph Kolumbus und David Livingston jemals war. Für die Automobilhersteller sind derartige Fernfahrten von Beginn an auch eine willkommene Möglichkeit zur Darstellung von Leistungsvermögen und Zuverlässigkeit ihrer Fahrzeuge.

Etwa zur gleichen Zeit, in der Hergé Tim Afrika bereisen lässt, erkunden und erschließen die von Citroën auch als Werbemaßnahme gedachten Expeditionen der »Croisière Noire« und »Croisière Jaune« Mitte der 20er- beziehungsweise Anfang der 30er-Jahre Zentralafrika und Teile Asiens und Chinas. Es liegt durchaus auf der Hand, in der Afrikaexpedition von Citroën die gedankliche Vorlage für den Comic zu vermuten.

Und es gibt bis heute weitere Nachahmer dieser Fahrten, zu denen beispielsweise auch die bei Autozeitschriften für eine Zeit beliebten Testtouren vom Kap zum Kap, vom Norden Finnlands bis in den Süden Südafrikas, dienen. 1973 brechen eine Reihe von Motorjournalisten und Motorsportlern mit der gerade vorgestellten neuen Alfetta auf, um vom Nordkap ans Südkap zu reisen.

32 Jahre später veranstaltet Ferrari die 15.000 Red Miles Tour, eine 24.000 Kilometer lange Fernfahrt durch das Reich der Mitte, und stellt damit den Chinesen die Robustheit der Fahrzeuge aus Maranello unter Beweis, die diese Strecke in gern einmal 420 Stunden bewältigen. Ans Steuer der zwei Ferrari 612 Scaglietti dürfen 51 Journalisten, die mit eindrucksvollen Bildern von der mitunter über unbefestigte Routen führenden Tour zu berichten wissen.

Alfa Romeo Alfetta Cape to Cape (M4)

Ferrari 612 China-Red-Miles-Tour (Ixo)

Ford T »tintin« (SpecialC)
Calanques, Côte d'Azur

#Es kommt ein Schiff gefahren …

Nordamerika wird erst mit den aus Europa in die Neue Welt emigrierenden Menschen nachhaltig erschlossen. Zwischen 1680 und dem frühen 20. Jahrhundert reißt der Strom von Menschen, die sich aus Italien, Deutschland, den Niederlanden, England, Irland, Frankreich, Spanien und weiteren europäischen Nationen aufmachen, um ihr Glück fortan jenseits des Großen Teichs zu versuchen, nicht ab. Was sie vorfinden, ist ein weites großes Land. Und jede Menge Arbeit. Denn es gilt nicht nur, einen Platz für sich und seine Familie zu finden, sondern auch Ortschaften und Städte aufzubauen.

Aus Sicht eines Autos hat das den Vorteil, dass Platz in Hülle und Fülle zur Verfügung steht. Da dürfen die Wagen gern üppige Ausmaße aufweisen — anders als beispielsweise in den Uraltstädten Italiens, die entstehen, als sich niemand den Platzbedarf späterer vierrädriger Verkehrsmittel vorstellen kann. Die Automobilindustrie Europas und die Nordamerikas entwickeln sich weitestgehend unabhängig voneinander. Und so schöpfen die Amerikaner gern aus dem Vollen.

Cadillac Eldorado (Kess)

Als in Europa stationierte US-Soldaten nach dem Zweiten Weltkrieg ihre heimischen Fahrzeuge mit nach Übersee bringen, werden diese schnell als Straßenkreuzer bezeichnet. Sowohl die schiere Größe als auch deren an über das Wasser gleitende Schiffe erinnernde Straßenlage rechtfertigen dies. Während in Deutschland beispielsweise der VW Käfer das klassische Mittelklasse-Automobil verkörpert und die italienische Volksseele sich mit dem Fiat 500 »Topolino«, dem »Mäuschen«, gut motorisiert fühlt, gelten in den USA Autos wie der Chevrolet Bel Air als probate Wahl zur Volksmotorisierung. Allesamt taugen — mehr oder minder — als Familientransporter. Dabei bringt es der 720 Kilo schwere 30-PS-Käfer mit 1,2-Liter-Vierzylinder auf eine Länge von knapp über vier Meter. Sein italienisches Pendant in den 50er-Jahren verfügt über einen Hubraum von weniger als 600 cm^3, hat mit seinen 16,5 Pferdestärken 610 Kilo zu bewegen und ist gerade einmal 3,25 Meter lang und 1,28 Meter schlank. Der 53er Chevy Bel Air misst mehr als fünf Meter und wiegt über eineinhalb Tonnen. Dafür aber hat sein 3,9-Liter-Sechszylinder über 100 PS. Eine deutliche Klasse darüber rangiert der Chrysler New Yorker. Je nach Karosserieaufbau misst die Waage auch jenseits der zwei Tonnen. Dafür wuchtet aber ein V8-Aggregat mit rund fünfeinhalb Liter Hubraum fast 200 Pferdestärken auf die Kurbelwelle. Den New Yorker gibt es — wie viele andere Modelle jener Zeit auch — in verschiedenen Versionen, offen, geschlossen, mit zwei und vier Türen und auch extralangem Radstand, wie beispielsweise auch beim Cadillac Eldorado, der zum Ausklang der 50er-Jahre mit dem gewaltigsten Flügelwerk aller US-Straßenkreuzer aufzuwarten weiß.

Chrysler New Yorker (Neo)

#Von Stil und »dicker Hose«

»Wie bei Kleidung gibt es nichts Verführerischeres als ein Auto, das zur Persönlichkeit des Fahrers passt.« Giorgio Armani

Ein anderer Modedesigner, der Amerikaner Ralph Lauren, bringt es für sich auf einen anderen Punkt: »Erst wenn du ein teures Auto hast, bist du Teil der Welt der Reichen.« Neben dem Zurschautragen getreu dem Motto »Haste was, biste was ...« lässt sich im Fall des mit Polohemden groß gewordenen Bekleidungsunternehmers diesem jedoch eine gewisse Affinität und Leidenschaft für klassische Automobile nicht absprechen. So hat Lauren einen festen Platz in der weltweit großen Schar von Automobilsammlern eingenommen. Die wohl teuerste Eintrittskarte löst er 1988, als er gleich drei exquisite Automobile aus der Hand eines Sammlers im Paket kauft: einen Alfa Romeo 8C 2900 B Touring Spider, einen Mercedes-Benz SSK mit vom Rennfahrer Carlo Felice Trossi entworfenen offenen Aufbau sowie den schwarzen Bugatti 57 SC Atlantic mit seiner charakteristischen Längsnaht in der Fahrzeuglängsachse. Mittlerweile ist die Fahrzeugkollektion um eine Reihe von Klassikern auf rund 60 Automobile angewachsen, die in einem Atemzug mit den zuvor genannten Preziosen genannt werden können: Ferrari 250 GTO, Porsche 550 Spyder, Mercedes-Benz 300 SL, Jaguar D-Type, um nur einige zu nennen. Für den weißrussischstämmigen Selfmade-Mann, der seine Karriere mit dem Entwerfen von Krawatten begann, mögen seine Autos möglicherweise als rechte Bestätigung dienen, längst einen festen Platz in der Welt der Reichen eingenommen zu haben. Übrigens, allein der Bugatti wird 2013 im Rahmen des Concorso d'Eleganza Villa d'Este auf einen Wert von rund 40 Millionen US-$ taxiert. Dagegen mutet Ralph Laurens ebenfalls schwarz lackierter und auf insgesamt 300 Exemplare limitierter Bugatti 16.4 Veyron mit einem Kaufpreis von 1,1 Million € (zuzüglich Steuer) schon an wie ein Alltagsfahrzeug.

Bugatti 16.4 Veyron (MR Models)

Bugatti 57 SC Atlantic (Brumm)
Detroit

#Ferrari inkognito

Der junge Enzo Ferrari beginnt seine Karriere als Rennfahrer bei CMN und Alfa Romeo. Doch schnell erkennt er, dass er andere Talente hat. Die von ihm im Winter 1929/30 gegründete Scuderia Ferrari wird zum tonangebenden Rennstall und zur offiziellen Alfa-Romeo-Werksmannschaft. 1938 nimmt Alfa Romeo die Zügel wieder selbst in die Hand, und Ferrari wird als Rennleiter von Modena nach Mailand berufen. Doch für den erfolgreichen Selbstständigen wird es rasch zu eng. Ferrari verlässt binnen eines Jahres Alfa Romeo wieder. Bis zum Ende seiner kurzen Zeit in Mailand stellt Ferrari die Weichen für Rennwagenmodelle wie den 158 »Alfetta«.

Ferrari trifft mit seinem langjährigen Geldgeber die Vereinbarung, dass seine Scuderia binnen der nächsten vier Jahre wieder aufersteht, aber an keinem Rennen teilnehmen darf. Darum gründet er die Auto Avio Construzioni. Hier entstehen zwei Sportwagen, die Ferrari bei der Mille Miglia 1940 an den Start bringt.

»815« ist die schlichte Bezeichnung für den Vorläufer der legendären Sportwagen, die nach dem Krieg mit dem Namen des Commendatore geschmückt werden. In seinen Memoiren *Piloti, che gente…* bezeichnet ihn Enzo Ferrari rückwirkend als Ferrari 815 und damit ersten Ferrari. Die Ziffern geben Auskunft über den Motor: acht Zylinder und 1,5 Liter Hubraum. Die 54 Kilogramm leichte Karosserie aus einer Aluminium-Magnesium-Legierung entsteht bei Touring in Mailand und ist in Superleggera-Bauweise ausgeführt. Unter der dunkelroten Karosse kommen zahlreiche Teile aus dem Fiat-Regal zum Einsatz. Chassis, Hinterachse und Getriebe ebenso wie der Achtzylinder aus zwei aneinandergefügten und hubraumreduzierten Fiat-Balilla-1100-Motoren. Das 1.496 cm^3 große Triebwerk leistet 72 PS und beschleunigt den 815 auf bis zu 170 km/h.

Enrico Nardi unternimmt die erste Probefahrt, die ihn von Modena aus gleichfalls auf die Autostrada wie auf die unbefestigten Pisten der Emilia-Romagna führt. Bei der wegen des geänderten Layouts unter dem Titel »Primo Gran Premio di Brescia« firmierenden Mille Miglia 1940 liegt Alberto Ascari zwischenzeitig in Führung und erzielt Rundenrekorde.

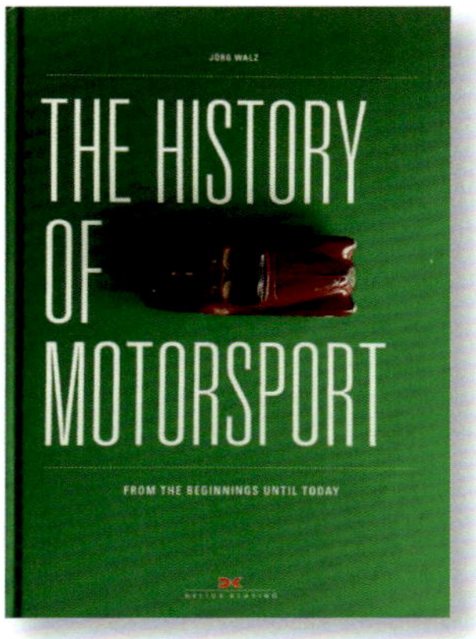

Jörg Walz in *Geschichte des Motorsports*

Auto Avio Costruzioni 815 (Top Model)
Bangkok

#Ein treuer Freund

Ersonnen unter diktatorischer Ägide der Nationalsozialisten und Kultsymbol der Flower-Power-Generation, dieses Kunststück vollbringt nur ein Fahrzeug: der Käfer. Seine organische, Form — in Wahrheit ist sie gar nicht so widerstandsarm, wie sie vermuten lässt — und die Robustheit des luftgekühlten Heckmotorwagens sind Schlüssel zum Erfolg. Seine runde Gestalt mit dem lächelnden Gesicht, das die Fronthaube und die Kotflügel zeichnen, vermittelt freundliche Nähe — ein treuer Begleiter und Kumpel. In Deutschland wird er in der Nachkriegszeit zum klassenlosen Traumwagen für alle Gesellschaftsschichten, jenseits des Großen Teichs zu einem liebenswerten Kontrast zu den riesigen Straßenkreuzern. Für die Generation der intellektuellen Protestler — sprich die Hippies und 68er — gerade recht. Und sein langes Leben trägt überdies dazu bei, dass sich sowohl Richter und Lehrer als auch Schüler und Studenten hinterm Steuer des chronisch schlecht klimatisierten, im Winter mit beschlagenen und vereisten Scheiben daherkommenden »Beetle« finden. Und nicht von ungefähr wird gerade der Käfer zum Hauptdarsteller der Walt-Disney-Filmproduktion *Herbie*. Aus einem Kinofilm wird eine ganze Filmreihe mit dem gleichermaßen sympathischen wie lebendigen Protagonisten mit der Nummer 53 im Mittelpunkt.

VW 1303 »WM-Käfer« (Minichamps)
Düsseldorf

Begonnen hat die Geschichte des Käfers als »KdF-Wagen«. Dabei steht KdF für die nationalsozialistische Organisation Kraft durch Freude, die den Wagen für 990 RM feilbietet. Der Preis des von Ferdinand Porsche entwickelten Fahrzeugs liegt deutlich unter dem bis dato für Automobile verlangten. Sparkarten sollen die Finanzierung sichern. Tatsächlich sammeln die Nationalsozialisten fleißig Geld ein. Doch bevor das Fahrzeug in Kundenhand kommen kann, bricht der Zweite Weltkrieg aus. Statt Käfern entstehen in Wolfsburg Kübelwagen für das Militär. Und nach dem Krieg sind die britischen Truppen Hausherren in dem zerstörten Werk am Mittellandkanal. Aber auch die Besatzungsmächte brauchen Fahrzeuge. Und so beginnt die Auferstehung des Werks, die Produktion des Volkswagen und der Siegeszug des Käfers, der bis ins Jahr 2003 insgesamt über 21,5 Millionen Mal produziert wird. Heckmotor und Heckantrieb sorgen selbst auf schnee- und eisglatten Straßen für ordentliche Traktion. Volkswagen wirbt mit dem Spruch »Er läuft und läuft und läuft …«. So wird der robuste Wagen aus Wolfsburg praktisch zum Schweizer Taschenmesser unter den Automobilen.

Volkswagen Käfer Cabrio (Cararama)
Salò, Lago di Garda

#Zur falschen Zeit am falschen Ort

Preston Thomas Tucker greift nach den Sternen. Der US-Unternehmer will nicht weniger als das beste Auto der Welt bauen. Das damalige Fahrzeugangebot erscheint dem Ingenieur aus Michigan zu rückständig und, vor allem, unsicher. Und so macht sich der bereits im Jugendalter durch pfiffige Ideen auffallende Tucker — im Alter von 16 Jahren arbeitet er als »office boy« bei Cadillac und nutzt Rollschuhe, um seinen Job schneller erledigen zu können — selbst ans Werk. Kurzerhand konstruiert er ein Automobil, das seiner Zeit weit voraus ist. 1948 feiert der Tucker 48 »Torpedo« Premiere. Mehr als durch den leichten im Heck montierten Sechszylinder-Boxermotor aus Aluminium mit Einspritzung und 166 PS macht das Fahrzeug durch seine damals weit ihrer Zeit vorauseilenden Sicherheitsfeatures von sich reden: Dazu gehören Kurvenlicht, Sicherheitsgurte (!), Einzelradaufhängung und Scheibenbremsen sowie Sicherheitsscheiben und ein gepolstertes Armaturenbrett und Lenkrad. Ein Vierganggetriebe mit automatischer Vorwählfunktion und bis ins Dach reichende, den Einstieg erleichternde Türen gehören zu den Komfortdetails.

Doch auf dem Weg zum Markterfolg geht ihm das Geld aus. Insgesamt entstehen gerade einmal 51 Prototypen und Vorserienfahrzeuge. Dass Tucker sich verkalkuliert, kommt den US-Riesen General Motors, Chrysler und Ford gerade recht. Hinter vorgehaltener Hand wird gar lautstark gemunkelt, dass die etablierten Hersteller sogar etwas nachgeholfen haben, um auf diese Weise zu verhindern, selbst all die teuren Sicherheitsfeatures verbauen und anbieten zu müssen.

Tucker 48 »Torpedo« (Brooklyn Models)
Erdinger Moos, Flughafen Franz Josef Strauß

#Hurra, wir leben noch

Der 8. Mai 1945 markiert in Deutschland die Stunde null. Ein Land, das zuvor dem Größenwahn eines Diktators folgend die Welt in einen Krieg bis dahin unbekannten Ausmaßes führte, liegt in Schutt und Asche. Flächendeckende Bombardements und ein zehrender Kampf in den Straßen vieler Städte haben selbige vielerorts dem Erdboden gleichgemacht. Autos? Daran ist nicht zu denken. Kaum ein fahrbarer Untersatz, der nicht in den Jahren zuvor für den Kriegseinsatz eingezogen und im Kampf verschlissen wurde. Und das Fehlen von Ersatzteilen und Kraftstoff erfordert Erfindergeist, wie zum Beispiel die Konstruktion sogenannter Holzvergaser, bei denen Kraftstoff – wenn auch mit unsagbar geringem Wirkungsgrad – aus dem Verheizen von Brennholz generiert wird.

Aber schon zehn Jahre später sieht die Welt bereits ganz anders aus. Auch in Deutschland. 1955 entstehen in Deutschland bereits 700.000 Automobile. Damit ist die Bundesrepublik des geteilten Landes weltweit Autonation Nummer zwei nach den USA. Der Volkswagen ist das meistverkaufte Auto und bereits Millionär: Am 5. August des Jahres rollt der 1.000.000. Käfer in Wolfsburg vom Band. Der Preis für den klassenlosen Traumwagen der Deutschen liegt bei 3.950 DM. Für den »Barockengel«, den achtzylindrigen BMW 502 mit viel beachtetem Leichtmetallmotor, verlangen die Bayerischen Motoren Werke 18.000 DM.

Opel bietet mit dem Kapitän seit 1948 ein Oberklassemodell, das Liedermacher Reinhard Mey mit

Mercedes 180 (Minichamps)

BMW 502 (Minichamps)

VW Käfer (Schuco)

Opel Kapitän (Minichamps)
Brüssel

seinem Hit *51er Kapitän* als Traumwagen auf musikalische Art und Weise unsterblich macht. 1957 erscheint bereits die dritte Generation der großen Limousine. Das im selben Jahr in Brüssel im Rahmen der Weltausstellung erschaffene Atomium ist bis heute ein Sinnbild für die damalige Fortschrittsgläubigkeit. Der Einstieg in die Luxusklasse kostet bei den Rüsselsheimern zu jenem Zeitpunkt 10.250 DM. Eine Klasse darunter rangiert der Mercedes-Benz 180, mit dem Mercedes sein erstes Modell mit zeitgemäßer Pontonkarosserie in selbsttragender Bauweise auf den Markt bringt. Sein Vorgänger, der 170, stammt — mit seinen freistehenden Kotflügeln — auch optisch noch aus der Vorkriegszeit. Der 180 erscheint 1953. Im Jahr darauf der 220a, und noch einmal zwei Jahre später werden ihm die formal nahezu identischen Modelle 190 und 220 S zur Seite gestellt. 1955 produziert Mercedes-Benz in Stuttgart-Sindelfingen fast 60.000 Fahrzeuge dieser zwischen knapp 9.000 und rund 12.000 DM teuren Baureihen.

Hoch im Norden, in der Hansestadt Bremen, greift ein anderer Automobilfabrikant nach den Sternen: Carl F. W. Borgward. Mit Kleinwagen der Marken Lloyd und Goliath bedient er auch das untere Ende der Automobilpalette und bietet beliebte Einstiegsmodelle beziehungsweise bezahlbare Nutzfahrzeuge. Unter seinem Namen indes erscheinen luxuriöse und technisch anspruchsvolle Automobile. Traumwagen für eine Schicht Gutverdienender, die sich in der »Wir-sind-wieder-wer-Zeit« auch etwas leisten will. Im Jahr des Fußball-WM-Titels (1954) stellt Borgward die modische Isabella vor. Drei Jahre später folgt die Coupé-Variante, die der »Herr Konsul« 1955 als Einzelstück für seine Frau hatte entwerfen lassen. Mit bis zu 75 Pferdestärken gehört die Isabella damals nicht nur zu den schönsten, sondern auch flottesten Fahrzeugen auf den noch staufreien Straßen.

Borgward Isabella (Norev)

Borgward Isabella Coupé (Minichamps)

#Wir sind wieder wer

»Wir bauen Autos, die keiner braucht, aber jeder haben will.«
Ferdinand »Ferry« Porsche

Der runde, hohe Rücken des 356 regt das Kopfkino der Deutschen in den 50er- und 60er-Jahren an. Der Heckmotor-Sportwagen ist in jenen Zeiten das Auto für den erfolgreichen, dynamischen Unternehmer. Und damit avanciert er zum Traumwagen für die breite Bevölkerung im Wir-sind-wieder-wer-Wirtschaftswunder-Deutschland.

Der Startschuss für das Sportwagenprojekt mit der Kennziffer 356 fällt 1947 im österreichischen Gmünd. Ein Jahr später erscheint der erste Vertreter seiner Gattung auf der Straße, und bis 1950 entstehen in Kärnten 50 Coupés und Cabriolets, ehe Porsche wieder in seine angestammte Heimat nach Stuttgart umzieht. Aus Ruinen auferstanden, entstehen dort erst die sogenannten Fahrzeuge mit Geteiltscheibe, ab 1952 gefolgt von der Knickscheibe. Auf der IAA 1955 feiert dann der sogenannte 356 A Premiere, mit neuer Dachform, gepolstertem Armaturenbrett und auch 60 PS starkem 1,6-Liter-Vierzylinder-Boxer. 1959 ist dann das Geburtsjahr des 356 B, bei dem die nach oben versetzten Scheinwerfer und Stoßstangen als ein Erkennungsmerkmal dienen. Oberhalb der gern als »Dame« titulierten 60-PS-Version sind auch Modelle mit 75 und 90 Pferdestärken lieferbar. 1963 dann, im Premierenjahr des sechszylindrigen 911, bringt Porsche mit dem 356 C die letzte Evolutionsstufe des letzten Endes fast 80.000-mal produzierten vierzylindrigen 356 auf den Markt. Sie verfügt nun unter anderem über Scheibenbremsen rundum. Die letzten Modelle verlassen 1966 die Werkshallen in Stuttgart-Zuffenhausen.

Jörg Walz in *Porsche Modellautos — 70 Jahre Sportwagen-Historie*

Porsche 356 (Minichamps)
Nürnberg

#Nimm mich mit auf die Reise ...

Auf einmal werden Österreich und Italien die Traumziele der Deutschen, die sich nun auch wieder eine »Sommerfrische« leisten können. Und das Auto ist auf einmal das perfekte Verkehrsmittel für die Fahrt in beziehungsweise über die Alpen. Heimatfilme, bunt kolorierte Kinostreifen, die, mit fröhlichen Schlagern untermalt, das Idyll der heilen Welt auch in die heimischen Kinosäle transportieren, sind die bevorzugten Filme jener Tage. So lassen sich die dunklen Jahre der Zerstörung und des Verzichts vergessen. Und mit dem Zug oder Bus, besser noch dem eigenen Auto, lassen sich die Bergseen oder Palmen und Strände der Adria auch selbst erreichen.

Und so schlängeln sich – schnell schon Stoßstange an Stoßstange – die voll bepackten Autos über die Straßen und Alpenpässe Richtung Süden. Gerade auf den Passstraßen gehören geöffnete Motorhauben zum gewohnten Bild, darunter gebückte Autofahrer, die den überhitzt dampfenden Kühlern frisches Wasser zuführen. Und nicht nur der Weg bergauf ist für die mit zwei Dutzend Pferdestärken (wie beispielsweise der Käfer und DKW) und funzeliger Sechs-Volt-Bordelektrik daherkommenden Familiengefährte beschwerlich; nein, auch der Weg bergab ist eine Herausforderung für die mit Sack und Pack beladenen Wagen. Erst recht, wenn sie – wie der DKW F89 – mit einem Zweitaktmotor ausgerüstet sind, bei dem bergab konstruktionsbedingt auf die bremsende Wirkung des Motors bei eingelegtem kleinen Gang verzichtet werden muss. Der DKW verfügt über einen Freilauf, da ein bergab mitdrehender Motor wegen des dem Kraftstoff zugemischten Schmieröls zwangsläufig zu einem der gefürchteten »Kolbenfresser«, sprich zu einem kapitalem Motorschaden, führt. Ein schonender und mit Blick auf die Route einteilender Umgang mit den Trommelbremsen ist daher unumgänglich.

DKW F89 (EMC)
Mayrhofen im Zillertal, Österreich

#Können Sie sich das vorstellen? ...

... Zunehmender Verkehr, immer schnellere Autos und keinerlei Tempolimit! Nicht auf den Autobahnen, nicht auf den Landstraßen und auch nicht in der Stadt. So sieht die Realität in Deutschland zwischen dem 21. Januar 1953 und dem 31. August 1957 aus.

Die Bandbreite der auf den Straßen befindlichen Verkehrsteilnehmer ist groß: Sie reicht von Fußgängern und Pferdefuhrwerken über Fahrräder, Mopeds und knatternde Motorräder, schwer beladene Dreiräder und langsame Nutzfahrzeuge sowie kleine Pkw wie Lloyd, Messerschmitt Kabinenroller und Isetta bis hin zu modernen Fahrzeugen wie dem bis zu 235 km/h(!) schnellen »Flügeltüren«-Mercedes-Benz 300 SL. Nicht nur das Tempo der Fortschritte, die die Automobiltechnik in jenen Tagen macht, sondern auch die rapide Zunahme des Verkehrs ist beeindruckend. Beträgt die Zahl der in Westdeutschland registrierten Pkw 1953 noch 1,13 Millionen (und zwei Millionen Motorräder sowie 150.000 Mopeds), schnellt diese in nur drei Jahren auf 2,03 Millionen (und 2,45 beziehungsweise 1,33 Millionen Motorräder und Modeps) hoch. Noch mal drei Jahre später, 1959, fahren dann schon dreieinhalb Millionen Pkw auf den westdeutschen Straßen. Die Zahl der Personenkilometer der von Bürgern in Pkw erreichten Fahrleistung summiert sich in derselben Zeit von 5,49 über 18,39 auf 50,34 Millionen zurückgelegte Kilometer.

Dementsprechend drastisch entwickelt sich auch die Zahl der Verkehrsopfer. Die Einführung einer innerstädtischen Tempobegrenzung auf 50 km/h macht sich so eindrucksvoll bemerkbar: Bereits 18 Tage nach Inkrafttreten des innstädtischen Tempolimits, so wird damals beispielsweise aus Stuttgart vermeldet, halbiert sich die Zahl der tödlich verletzten Unfallopfer.

Lange Zeit wehren sich Bevölkerung und Politik gegen die Begrenzung der Höchstgeschwindigkeit, gilt eine derartige Regelung doch als »Nazi-Gesetz«. Schließlich waren es die Nationalsozialisten, die im Oktober 1939 die Begrenzung der Höchstgeschwindigkeit in Ortschaften auf 40 km/h und außerhalb auf 80 km/h verordneten. Damals hat das allerdings weniger seinen Ursprung in Sachen Verkehrssicherheit als vielmehr im sparsamen Umgang mit knappen Ressourcen. Der Krieg war gerade ausgebrochen, und für die nationalsozialistischen Herrscher war es vorhersehbar, dass der in Deutschland knappe Treibstoff an den verschiedenen Fronten benötigt werden würde. In den 50ern, einer Zeit der Aufbruchstimmung, wirken derartige Verordnungen wie Relikte aus Zeiten, die die Bevölkerung vergessen machen möchte. Doch es führt kein Weg daran vorbei. Ende 1957 gilt innerorts Tempo 50. (Erst) 1972 wird dann auch das Tempo auf Landstraßen begrenzt. Von nun an gilt dort maximal Tempo 100. Auf Autobahnen bleibt es bei »Freier Fahrt für freie Bürger«, doch mit der Energiekrise, den Sonntagsfahrverboten und neuerlichen öffentlichen Diskussionen kommt es 1974 zu der bis heute auf bundesdeutschen Autobahnen gültigen »Richtgeschwindigkeit« von 130 km/h. In der DDR bleiben die vor dem Krieg geschaffenen Tempobegrenzungen übrigens durchweg gültig.

Mercedes-Benz 300 SL (Matrix)

Opel Olympia Rekord (Minichamps)

#Die Göttin

Déesse steht im Französischen für Göttin. Geschickt gewähltes Kürzel für ein Auto, das 1955 Premiere feiert und heute noch aussieht, als käme es aus einer anderen Galaxie. Das Nachrichtenmagazin Der *Spiegel* schreibt anlässlich der Premiere: »Es ist nicht das Auto der Zukunft, sondern nur das Auto von heute. Und die anderen Autos sind ... von gestern.« Der stromlinienförmig gerundete Körper sieht aus, als würde er schweben. Beim seinerzeit viel bestaunten Citroën steht die Form des Wagenkörpers im Vordergrund, die Räder werden nicht hervorgehoben, sie treten in den Hintergrund. An der Hinterachse werden sie sogar in den abfließend geformten Kotflügeln versteckt. Und schweben ist auch die richtige Assoziation, schließlich feiert bei der geräumigen Limousine mit Frontantrieb und einem hinter der Vorderachse platziertem Triebwerk ein hydropneumatisch gefedertes Fahrwerk Premiere. Damit beschert die junge Göttin ihren Insassen einen göttlich schwebenden Fahrkomfort. Ein weiteres Komfortdetail des 140 km/h schnellen und mit 12.350 DM durchaus teuren Fahrzeugs — ein Opel Kapitän kostet anno 1955 gerade einmal 9.510 DM, ein VW 1200 Standard 3.790 DM — ist das Dreigang-Halbautomatik-Getriebe.

Citroën Ami 6 (Minichamps)

Als Schöpfer der Kreation, die nach 23 Jahren die Gangsterlimousine Traction Avant ablöst, gelten der Citroën-Konstrukteur André Lefèbvre und Designer Flaminio Bertoni. Auch wenn der Name des Bildhauers, Architekten und Designers dazu verleitet, ist er bitte nicht zu verwechseln mit dem des Designers und Karosseriebau-Unternehmers Giovanni »Nuccio« Bertone. Bertoni steht als Name hinter den Citroën-Klassikern Traktion Avant, 2 CV und DS. Aber auch für ein Automobil, das er selbst als seinen größten Wurf bezeichnet: den Ami 6. Eine geräumige Weiterentwicklung der »Ente«, die eher durch ihre als unförmig empfundene Gestalt mit Glubschaugen und ungewöhnlich geformtem Heck von sich reden macht. Der Name des kompakten Mittelklassewagens ist ebenfalls ein französisches Wortspiel, schließlich klingt l'Ami 6 im Französischen wie »la Misses«. Ausgezeichnet wird Bertoni indes mehrfach für den DS. Unter anderem 1957 auf der bedeutenden Triennale für »beste industrielle Kunst«. Die Zeitlosigkeit des DS beschert dem Wagen ein langes Leben. Erst Mitte der 70er-Jahre, nach fast 1,5 Millionen produzierten Fahrzeugen, wird er vom ebenfalls avantgardistisch geformten CX abgelöst. Als derart zeitlos wie »die Göttin« erweist sich der CX hingegen nicht. Und über 50 Jahre später entdeckt Citroën die Magie des avantgardistischen DS als so stark, dass DS kurzerhand zu einer oberhalb von Citroën platzierten Marke im Markt etabliert wird.

Citroën DS (Vitesse)
Maskat, Oman

#Das Auto für jedermann

Nachdem das Auto das Licht der Welt erblickt und die Oberschicht in Bewegung gebracht hat, ist das Automobil für jedermann, die Mobilisierung der ganzen Bevölkerung, der Traum zahlreicher Unternehmer und Politiker. Und natürlich träumt auch Otto Normalverbraucher davon, sich ein eigenes Auto leisten zu können. Henry Ford leistet mit seiner Fließbandfertigung einen unermesslichen Beitrag in diese Richtung. Nachdem seine insgesamt 18 Jahre lang produzierte »Tin Lizzy« von Jahr zu Jahr günstiger geworden ist – und so für immer mehr Menschen erschwinglich –, altert sie technisch. Das gibt der mit moderneren Fahrzeugen auf den Markt kommenden Konkurrenz Raum. Grund genug für Ford, 1927 das modernere Model A nachzuschieben. Ihm bleiben vier Jahre, um über 4,5 Millionen Mal produziert zu werden. Das verdeutlicht, mit welchem Tempo das Automobil sich verbreitet und wie schnell der technische Fortschritt des nun industriell gefertigten »Mobilitätswerkzeugs« die Premiere immer wieder neuer Modelle erfordert. Allen Märkten voran in Nordamerika. Aber auch in Europa befindet sich das Auto auf dem Weg vom Luxus- zum Massenartikel. Hier sind es Autos wie der Austin 7 und sein Lizenznachbau BMW 3/20 AM1 »Dixi« oder der Citroën 5 CV und der von ihm inspirierte, ausschließlich in Grün lackierte Opel 4/12 PS »Laubfrosch«. Aber es soll bis zum für 990 RM feilgebotenen KdF-Wagen beziehungsweise dem nach dem Krieg entstehenden Käfer dauern, bis das Auto tatsächlich die Massen erreicht. Und auch im benachbarten europäischen Ausland nimmt das Auto ab Ende der 40er-Jahre Fahrt auf:

Ford Model A (Minichamps)

Renault 4 CV (Ixo)

Fiat 500 (Brumm)
Erlangen

Das »Cremeschnittchen«, wie der Spitzname des Renault 4 CV lautet, erscheint 1946 auf der Bildfläche und wird zwischen 1946 und 1961 von dem nach Kriegsende verstaatlichten Renault-Konzern 1,15 Millionen Mal produziert. Die Entwicklung fußt noch auf der in den Kriegsjahren, und es heißt, dass auch Ferdinand Porsche in seiner Kriegsgefangenschaft Hand mit angelegt hat.

Auch der Volkswagen Käfer und »die Ente«, der Citroën 2 CV, werden bereits vor dem Krieg erdacht. Das Lastenheft für die Entwicklung des einfach gestrickten Citroën sieht vor, dass dieser zwei Bauern in Stiefeln, einen Sack Kartoffeln und ein kleines Fass transportieren können soll, bis zu 60 km/h schnell sein und maximal drei Liter Kraftstoff auf 100 Kilometer verbrauchen. Ab 1949 ist die 65 km/h schnelle »Ente« mit Faltdach und komfortablem Fahrwerk zu kaufen.

Fiat bietet bereits seit 1936 einen Kleinwagen mit einem halben Liter Hubraum und verschiedenen Karosserievarianten an. Seine freistehenden Scheinwerfer seitlich oberhalb des großen Kühlergrills erinnern ein wenig an Micky Maus, weshalb der kleine Fiat den Spitznamen »Topolino« (italienisch für Mäuschen) erhält. Der von dem Konstrukteur Dante Giacosa entwickelte Wagen bleibt bis 1957 im Programm und wird ersetzt durch den ebenfalls auf die Bezeichnung 500 hörenden Wagen mit nun moderner Karosserie und aus Platzgründen im Heck platziertem luftgekühlten Zweizylindermotor und Zwölf-Volt-Elektrik. 18 Jahre lang bleibt der kleine Fiat in Produktion.

So lange lebt auch die erste Generation des Opel Olympia und des Kadett. Ihre Geschichte ist indes ungleich wechselvoller. 1935, in Zeiten großer deutscher Olympiabegeisterung — die Spiele

VW Käfer (Minichamps)

Opel Olympia (Minichamps)

Citroën 2 CV (Altaya)

in Berlin finden 1936 statt –, wird der Opel als Olympia vorgestellt und in Rüsselsheim montiert. 1936 folgt der etwas kleinere Kadett. Beiden Modellen ist die erstmals in Großserie hergestellte selbsttragende Stahlblechkarosserie gemein. Der Krieg bringt die Montagebänder indes erst einmal zum Stehen. Und nach dem Krieg trennen sich die Wege von Olympia und Kadett: Der Kadett wird auf den von Russen requirierten Produktionsanlagen in Moskau bis hinein ins Jahr 1956 als Moskwitsch-400 gefertigt, während der Olympia bis 1953 in Rüsselsheim produziert wird, ehe ihn der Olympia Rekord ablöst.

#Das fuhr alles auf den Straßen ...

In den 50er-Jahren verschwinden viele Automobilhersteller von der Bildfläche. Nach der ersten großen Pleitewelle Ende der 20er-Jahre und den Kriegszeiten sortiert nun die umfangreiche Investitionen erfordernde industrielle Fertigung des sich zum Massentransportmittel entwickelnden Automobils die Branche. Auch BMW – vor dem Krieg ein angesehener Motorrad-, Automobil- und Flugmotorenhersteller – steht am Scheideweg. Neben dem opulenten »Barockengel«, der als luxuriöser V8 kaum genug Geld in die Kassen spült, sind es vor allem das in Lizenz gefertigte, 12 PS starke und 80 km/h schnelle »Rollermobil« Isetta mit niedlichen Zehn-Zoll-Rädern (die hinteren dabei eng zusammenstehend – so kann man auf ein Differenzial verzichten) und das zum Ende des Jahrzehnts erscheinende Mittelklassemodell 700, die das Unternehmen knapp über Wasser halten. Die BMW-Modelle geben aber einen guten Blick auf die Bandbreite der Autos, die auf deutschen Straßen unterwegs sind. Auch gibt es in den 50ern eine Reihe von Neueinsteigern ins Autogeschäft: So versuchen sich beispielsweise die ehemaligen Flugzeugbauer Messerschmitt und Heinkel in der Herstellung kleiner, kostengünstiger Fahrzeuge, sogenannter Kabinenroller, wie der kugeligen Isetta – mit einer Tür vorn und Fronteinstieg. Und ehemalige Motorradhersteller wie NSU wagen den Schritt zum Automobil, beispielsweise mit dem Prinz, einem 20-PS-Kleinwagen mit knapp 0,6 Liter großem Zweizylinder im Heck. Die Oberklasse setzt weiter auf den Stern aus Stuttgart. Mercedes-Benz bringt als Nachfolger der bereits vor dem Krieg gebauten und bis Mitte der 50er im Programm befindlichen Modelle 170 und 220 die ebenfalls Mitte des Jahrzehnts vorgestellten Limousinen 180, 190 und 220, die durch ihre neue Pontonkarosserie in selbsttragender Bauweise von sich reden machen. Der 220 S, geparkt vor einem neu gebauten Eigenheim in der Neubausiedlung am Rande der Stadt, das ist in jenen Jahren der Inbegriff von »Wir haben es geschafft ...«.

BMW 700 (Minichamps)

Jenseits des Großen Teichs sind die Autos seit jeher eine Nummer größer. Und ohne die kriegsbedingten Entsagungen und Aufbauarbeiten setzt die in erster Linie in Detroit angesiedelte Autoindustrie

BMW Isetta (BMW Museum)
München

ihren Kurs mit gleichermaßen drehmomentgewaltigen wie großvolumigen V8-Motoren und großformatigen Karossen fort. Neu sind die Einflüsse aus der jungen Luft- und sich entwickelnden Raumfahrt. Der Nash Airflyte ist ein prominentes Beispiel dafür, wie Autobauer die Formensprache aus der Flugzeugindustrie übernehmen. Und auch am opulenten 1953 erscheinenden Cadillac Eldorado finden sich in Form von Stoßstangen-Zierelementen, Rückleuchten und an Leitwerke erinnernden Flossen Stilzitate aus dem beginnenden Düsenzeitalter. Im Lauf des Jahrzehnts verschwinden die ehemals — auch aus produktionstechnischen Gründen — bauchig rund geformten Karosserieflächen und machen zunehmend kantig gefalteten Blechen Platz. Aber der Zierrat wird üppiger und gipfelt in ausladenden Heckflossen, wie sie der Cadillac Eldorado 1959 zur Schau trägt. Die Auswüchse dieser Mode fallen indes zu jener Zeit beim Publikum durch, so wie im Jahr zuvor die gewöhnungsbedürftige Gestaltung des aus dem Ford-Konzern stammenden Edsel, der von Feministinnen wegen seiner »vaginösen Frontgestaltung« angeprangert wird. Er verschwindet nach rund zwei Jahren ebenso vom Markt wie die überdimensionierten Flossen.

Der Ford V8 von 1950 und der Lincoln Continental Mark II aus dem Jahr 1956 sind zwei Beispiele für die formale Entwicklung, die das Automobil in den USA in jenem Jahrzehnt erfährt. Während die anfangs 85, dann 100 PS des Mercedes 220 in Deutschland aus den üblichen Motorleistungen der Fahrzeuge — ein Käfer bringt es seinerzeit auf 23 PS — herausragen, leisten die amerikanischen Achtzylinder übrigens — wie im Cadillac Eldorado — jenseits von 300 PS.

Weitere Beispiele für die Bandbreite dessen, was die Automobilwirtschaft in den 50er-Jahren hervorbringt, sind der 1957 erscheinende Austin Mini, der zum Urmaß für das heute riesengroße

Ford V8 (Dinky)

Lincoln Continental Mark II (Minichamps)

Mercedes-Benz 220 S (Minichamps)
Herzogenaurach

Citroën DS (Vitesse), Panhard Dyna Grand Standing (EditionC),
Simca Aronde Grande Large (WhiteBox), Alfa Romeo 1900 Sprint SZ (Atlas Collection/M4)

Lancia Aurelia GT (Ixo)
Dinkelsbühl

Segment frontgetriebener Kompaktfahrzeuge avanciert, und der Jaguar XKSS, ein in geringen Stückzahlen für den Straßengebrauch domestizierter und zum Zweisitzer umgebauter Le-Mans-Rennwagen, der als D-Type den Langstreckenklassiker zwischen 1955 und 1957 dreimal in Folge gewinnt. Hollywoodstar Steve McQueen ist einer der 16 Kunden des auf 25 Exemplare angedachten Sportwagens mit Magnesium-Karosserie. Bei einem großen Feuer in den Jaguar-Werkshallen von Birmingham verbrennen die weiteren neun XKSS, die 60 Jahre später, 2017, zum Preis von jeweils einer Million britischen Pfund als »Komplettierung der Serie« von Jaguar Classic aufgelegt werden. 1959 stellt Jaguar dann mit der Limousine einen sportlichen Viertürer mit 120 PS starkem 2,4-Liter-Reihensechszylinder vor.

In Frankreich sticht der Mitte der 50er vorgestellte Citroën DS aus der Masse hervor. Auch hier bietet sich der zusehends wachsenden Kundschaft eine Bandbreite von Kleinwagen wie dem Citroën 2 CV und Renault 4 CV über Mittelklasse-Limousinen und Cabriolets zahlreicher Marken wie dem Panhard Dyna oder Simca Aronde bis hin zu großen Wagen von Citroën, Peugeot, Simca und Facel Vega.

Eine Spur sportlicher ist das Programm in Italien. Beginnend bei den 500er und 600er Fiat, geht es über sportliche Mittelklassemodelle zahlreicher Marken bis zu den Fahrzeugen von Ferrari, Maserati, Lancia und Alfa Romeo. Beachtenswert sind 1950 die Lancia Aurelia mit dem weltweit ersten V6 – die Konstruktion von Vittorio Jano ist zudem aus Aluminium gefertigt – und der Alfa Romeo 1900. Entstehen vor dem Krieg im nahe Mailand gelegenen Portello ausschließlich höchst luxuriöse und extrem sportliche Fahrzeuge, die die Spitze des im Automobilbau Möglichen markieren und für Otto Normalverbraucher schier unerreichbar sind, ändert sich das 1950 mit Erscheinen der neuen Limousine. Mit dem 1900 bringt Alfa Romeo nun eine seriengefertigte Limousine auf die Straße, die sich jetzt auch eine etwas größere (weiterhin aber sehr wohl wohlhabende) Kundenschar leisten kann. Der neue, zwischen 90 und 115 PS starke Viertürer ist immer noch etwas für automobile Connaisseure, doch erschließt sich Alfa Romeo neue Kundengruppen, die der Marke das Überleben sichern. Mit der wenige Jahre später folgenden 1300er Giulietta sind die Zeiten automobiler Maßfertigung in Mailand dann endgültig passé. Noch bevor Alfa Romeo aber die Limousine auf die Straße bringt, präsentiert das Unternehmen eine schnittige Coupé-Variante. Damit verkürzt der 1950 und 1951 mit den ersten Formel-1-Weltmeister-Titeln geschmückte, aber dennoch wirtschaftlich klamme Fahrzeugbauer die Wartezeit des ungeduldigen Publikums, das für die Entwicklung des »kleinen Alfa« Geld in eine Lotterie eingezahlt hat. Und etwas später gesellt sich dann noch der offene Spider hinzu. Doch das ist eine andere Geschichte, denn dahinter steht auch ein pfiffiger, in New York ansässiger Geschäftsmann …

Cadillac Eldorado Convertible (Vitesse), Austin Mini (Oxford),
Jaguar XKSS (AUTOart)

#Herr Hoffman aus Amerika

Geschäftssinn, Gespür für die Wünsche seiner Kundschaft und die Kontakte, diese mit den Automobilunternehmern im fernen Europa diskutieren zu können — das ist das Erfolgsrezept des Herrn Hoffman aus Amerika, der eigentlich Österreicher ist. Doch Maximilian Hoffmann ist Jude und emigriert dementsprechend rechtzeitig in Zeiten des »1.000-jährigen Reichs« über Paris nach New York. Mit Blick auf die englischsprachigen Eigenheiten entledigt er sich einiger Buchstaben im Namen und macht als Max Hoffman Karriere. Nach dem Krieg liegt Europa in Trümmern, und die Europäer haben Wichtigeres im Sinn als den Kauf eines neuen Autos — für das zudem zumeist das notwendige Geld fehlt. Da sieht es in Amerika doch ganz anders aus: ein riesiger Markt, dürstend nach technisch und optisch interessanten Fahrzeugen aus der Alten Welt. Und Hoffman ist der passende Makler dafür. Ins Schaufenster stellt sich der pfiffige Geschäftsmann kurzerhand mithilfe eines kleinen Schwindels: Er lässt die Fenster eines Teppichkaufhauses in Manhattan räumen, um dort einen exklusiven Delahaye und ein Namensschild abzulichten. Mit dieser Referenz reist Hoffman nach Europa und klopft an die Türen zahlreicher Hersteller wie Jaguar, Cisitalia, BMW, Lancia, Facel Vega, Mercedes-Benz, Rolls-Royce, Volkswagen oder Healey. So wird Hoffman geradewegs größter Automobilimporteur der Neuen Welt. Darüber hinaus motiviert Hoffman seine Vertragspartner zu neuen Fahrzeugmodellen. Im Gegenzug sagt er vielversprechende Absatzzahlen zu. Dementsprechend aufgeschlossen hören ihm die Autobauer in Stuttgart, München, Mailand, Maranello, Turin und Großbritannien zu. Autos wie der Lancia Aurelia B24 Spider, Mercedes-Benz 300 SL, Alfa Romeo Giulietta Spider, Austin Healey Sprite, Porsche 356 Speedster oder BMW 507 Roadster sind eindrucksvolle, heute längst sammelwürdige Beweise dafür, wie sehr der ehemalige Wiener damals bei seinen Partnern Gehör findet.

Lancia Aurelia B24 Spider (Brumm), Porsche 356 Speedster (Minichamps)

BMW 507 Roadster (Minichamps), Mercedes-Benz 300 SL (Minichamps),
Alfa Romeo Giulietta Spider (Revell), Austin Healey Sprite (Ebbro)

#Im Osten selten was Neues

Während im Westen technischer Fortschritt und Marktwirtschaft fortwährend Novitäten entstehen lassen, wirkt die Planwirtschaft im Osten Europas wie ein Tranquilizer für die automobile Weiterentwicklung. Unmittelbar nach dem Krieg macht sich das noch nicht so bemerkbar, schließlich bauen die Techniker in Ost und West auf demselben Erfahrungsschatz auf. Aber in der sowjetisch besetzten Zone transportieren die Russen weitaus konsequenter ehemalige Produktionsstätten als Reparationsleistungen Richtung Osten. So verschwinden nicht nur die Auto-Union-Silberpfeile auf Nimmerwiedersehen, auch das ehemals stolze Horch-Werk kann sich mit dem wiederauferstehenden Mercedes-Benz-Werk niemals mehr messen.

Auf Basis des Vorkriegsmodells BMW 326 entsteht ab 1948 in Eisenach der EMW (für Eisenacher Motorenwerk) 340 mit dezent überarbeiteter Front- und Heckpartie. Hinter der bereits gut zwei Jahre zuvor wieder aufgenommenen Produktion steht die Reparationsforderung der russischen Besatzungsmacht, die jährlich 3.000 Autos und Motorräder fordert. Der Produktionsstandort in unmittelbarer Nähe zur Wartburg ist Teil des Volkseigentums im Arbeiter-und-Bauern-Staat jenseits der 1961 errichteten Mauer somit zum VEB (Volkseigenen Betrieb), geworden. Dort entstehen ab 1956 die Pkw-Modelle der Marke Wartburg — und auf Weisung der Regierung mit Zweitaktmotor. Was bis Anfang der 60er-Jahre technisch und modisch noch als akzeptabel durchgehen mag, veraltet, im Vergleich zu den Autos im Westen, mit rasender Geschwindigkeit. Mit dem Wartburg 311 Kabriolett bietet der sozialistische Staat seiner Bevölkerung anfangs noch ein luxuriöses Automobil fernab des reinen Nutzgedankens. Derartigen Überflüssigkeiten wird aber 1960, nach 2.670 Exemplaren, ein Ende bereitet. Beachtlich ist übrigens auch die Modellbezeichnung Kabriolett, schließlich werden Anleihen an die englische oder französische Sprache, die Sprachen der Westsiegermächte, geächtet. Cabriolet passt da so gar nicht ins Weltbild der Deutschen Demokratischen Republik. So werden beispielsweise Breakdancer zu akrobatischen Volkstänzern, Burger zu Grillettas und Hotdogs zu Ketwurst. Es folgt 1966 das — mit Ausnahme des 45-PS-Zweitakt-Motors — bei seiner Präsentation recht moderne Modell 353. Es hat in dieser Form noch ein langes Leben: Produktionsstopp ist 1991. Und es gehört zu den besten Autos, die die DDR ihrer Bevölkerung zu bieten hat. Dementsprechend lang sind die Lieferzeiten für dieses Fahrzeug: über 30 Jahre!

In Zwickau, wo ehemals die stolzen Horch entstehen, wird zwischen 1956 und 1959 der 140 km/h schnelle Sachsenring P 240 mit 2,4-Liter-Sechszylinder produziert. Für Oberklassemodelle besteht allerdings in der Planwirtschaft der DDR nur geringer Bedarf, der zudem mit Modellen aus den Werken der kommunistischen Sowjet-Brüder befriedigt wird. So produziert VEB Sachsenring ab 1958 den kompakten Zweitakt-Zweitürer Trabant mit Halbliter-Zweitakt-Zweizylinder. Als Limousine und Kombi (mit der Bezeichnung Universal) und anfangs 18, später auch 23 beziehungsweise 26 Pferdestärken. Auch er überlebt nicht die Wiedervereinigung Deutschlands. Zu weit hat sich die ewig gestrige Konstruktion der »Pappe« von dem mittlerweile weltweit üblichen Standard der Automobiltechnik entfernt.

EMW 340 Kombi (Ixo), Sachsenring P 240 (Ixo), Wartburg 311 Kabriolett (Ixo), Wartburg 353 (Minichamps)

#Little Bastard …

»Wer Geld hat, kauft ein Auto. Wer keines hat, stirbt auf andere Weise.«

Fernandel, Schauspieler, besser bekannt als »Don Camillo«

… prangt auf dem Heck des Sportwagens, mit dem Hollywoodstar James Dean Clubsportrennen fährt. Damals ist es üblich, dass die Sportler mit ihren Sportgeräten auf Achse zu den Rennstrecken reisen. So auch am 30. September 1955, als sich der versierte Amateurrennfahrer gemeinsam mit Porsche-Mitarbeiter Wütherich auf dem Weg nach Salinas zu einem Autorennen befindet und ihn ein 23-jähriger Ford-Tudor-Fahrer beim Abbiegen übersieht und schlichtweg über den Haufen fährt.

In Westdeutschland kommen anno 1955 12.791 Menschen im Straßenverkehr ums Leben. Zugelassen sind in jenem Jahr übrigens 1.747.555 Fahrzeuge. Einen traurigen Höhepunkt markiert die bundesdeutsche Unfallstatistik im Jahr 1970 mit 21.332 Toten, bei einer Fahrzeugdichte von 15,1 Millionen Autos. In den folgenden Jahrzehnten sinkt die Zahl der Verkehrstoten — und das ist vor allem das Verdienst der zahlreichen Sicherheitstechnologien in modernen Fahrzeugen. Im längst wiedervereinigten Deutschland werden 2016 zwar immer noch 3.214 Todesopfer im Straßenverkehr gezählt. Neben dem engmaschigeren Straßennetz und der gestiegenen Fahrleistung pro Fahrzeug zählt die Statistik in Deutschland aber auch einen Bestand von 44,7 Millionen Fahrzeugen.

Bei den Sicherheitsfeatures sind neben leistungsfähigen Bremsanlagen und stabilen Karossen mit definierten Knautschzonen vor allem Sicherheitsgurte, ABS, Airbags und das Anti-Schleuder-Programm ESP als Heilsbringer zu nennen. Sicherheitsgurte stammen aus dem Flugzeugbau, wurden erstmals im Tucker Torpedo verbaut, ab Ende der 50er-Jahre von Volvo und ab Mitte der 70er zur Pflichtausstattung. Das Mitte der 80er flächendeckend eingeführte Anti-Blockier-System (ABS) sowie die Mitte der 90er in großer Zahl erschienenen Airbags und das Elektronische Stabilitäts-Programm (ESP) heute ebenfalls. Weltweit verlieren übrigens immer noch jedes Jahr 1,25 Millionen Menschen ihr Leben im Straßenverkehr. Damit ist die leider immer noch auf hohem Niveau stagnierende Zahl höher als die der Todesopfer von Ebola und anderen Krankheiten, von denen wir Tag für Tag mit Schrecken in den Weltnachrichten erfahren.

Porsche 550 Sypder »130« (Schuco)
Muggendorf

#Ewige Schönheit

»Ich habe mein Geld für Alkohol, Weiber und schnelle Autos ausgegeben, den Rest habe ich sinnlos verprasst.«

So fast George Best (1946–2005), einst Fußballprofi in erster Linie bei Manchester United, seinen Lebenswandel zusammen. Zum Fuhrpark des Nordiren, der auch durch alkoholisierte Auftritte im Fernsehen und Straßenverkehr auffiel, gehörten neben verschiedenen Jaguar auch Lotus Europe, Aston Martin, Rolls-Royce Silver Cloud und Mercedes-Benz SE Cabrio.

Für Enzo Ferrari ist der E-Type »das schönste Auto, das jemals gebaut wurde«. Zwischen 1961 und 1974 entstehen 72.507 Exemplare des über 240 km/h schnellen Sportwagens mit Coupé- und Roadster-Karosserie. Neben seiner Form, dem Klang der 3,8, 4,2 und 5,3 Liter großen Sechszylinder- und Zwölfzylinder-Aggregate ist auch der – verglichen mit italienischen Sportwagen – günstige Preis eines der Geheimnisse seines Erfolges.

Cool sind unter anderem die große, praktisch den ganzen Vorderwagen darstellende, nach vorn öffnende Motorhaube und – beim Coupé – eine seitlich zu öffnende Heckklappe. Für Renneinsätze entsteht auch eine Lightweight-Variante mit aerodynamisch geformter Aluminiumkarosserie. Der Designer Ikuo Maeda fasst die Form folgendermaßen zusammen: »Gold-Standard! Die Nase streckt sich zum Äußersten dessen, was möglich ist, ohne die Balance der Proportionen zu kippen.«

Jaguar E-Type (Kyosho)

#Der Weg in die automobile Alltäglichkeit

Straßen und Städte werden zunehmend von den immer zahlreicher werdenden Autos dominiert. Staus und Parkplatzmangel sind längst ein Thema. Parkuhren gehören ins Stadtbild, Parkhäuser auch. Und als Alltagsgut entwickelt sich das ehemals exklusive Auto mehr und mehr auch zu einem Gegenstand, der Moden unterliegt — ganz im Sinne seiner Erbauer, die nach immer neuen Absatzmöglichkeiten des in Großserie hergestellten Verkehrsmittels suchen. Die ehemals bauchigen Formen der oft dickwandigen Karosseriebleche werden durch weiterentwickelte Produktionstechniken, leistungsfähigere Blechpressen und das in seiner Konstruktion zunehmend auf möglichst schnelle industrielle Fertigung hin optimierte Automobil durch kantiger geformte und zugleich dünnere Bleche ersetzt. Die Knicke und Kanten sind fesch. Zugleich geben sie den Blechflächen aber auch die notwendige Stabilität und minimieren Dröhngeräusche im Innenraum. Das Auto ist inzwischen ein alltäglicher Gebrauchs- und Verbrauchsgegenstand. In den USA bringen die Hersteller jedes Jahr optisch überarbeitete Karossen, um der Kundschaft so immer wieder neue Kaufanreize zu geben. Ganz so schnell gehen die Modellwechsel in Europa nicht vonstatten, doch auch hier kommen in immer kürzerer Zeit immer mehr Modelle von einer Vielzahl von Herstellern auf den Markt.

Nach dem ewigen Auf der Wirtschaftswunderjahre erlebt die Bundesrepublik allerdings zur zweiten Hälfte der 60er-Jahre eine Rezession: 1967 liegt die Wirtschaftsleistung in Deutschland erstmals unter der des Vorjahres. Das sorgt für einen gehörigen Schrecken. Und auch die Automobilwelt bleibt davon nicht unbetroffen. Hersteller wie Borgward mit den dazugehörigen Marken Lloyd und Goliath müssen Konkurs anmelden — das Bremer Unternehmen gerät bereits Anfang der 60er-Jahre in wirtschaftlich schweres Fahrwasser. 1963 werden dort die letzten Autos zusammengebaut. Der Hersteller Glas (Goggomobil) geht 1966 in BMW über — die größeren Modelle 1600 und 3200 werden noch 1967 als BMW vertrieben. Und die bereits Ende der 50er strauchelnde Auto Union geht 1958 auf Geheiß des Industriellen und Großaktionärs Flick in das Eigentum des ebenfalls von ihm mitgelenkten Unternehmens Daimler-Benz über. 1968 ist das Ende von DKW besiegelt. Drei Jahre zuvor wurde die Marke Audi an Volkswagen übereignet. Mit der vom Zweitakt-DKW-F12 zum Viertakt-Audi-60 weiterentwickelten Limousine und einem dazu angebotenen Kombi macht die nun Ingolstädter Marke den Anfang. Dort arbeitet man im Verborgenen am ersten Audi 100 und legt damit den Grundstein für die in den Jahrzehnten danach erzielten Erfolge.

In Köln erbt man eine in Detroit als »Weltauto« erdachte Konstruktion namens »Cardinal«. Auf dem deutschen Markt wird die Limousine mit V-förmigem Vierzylindermotor zwischen 1962 und 1966 als Taunus 12 M vertrieben. Eigentlich hätte der

Audi 60 (Minichamps), NSU Prinz TT (Minichamps),
Ford Taunus »Badewanne« (Minichamps), Ford Taunus 12 M (Minichamps)

Cardinal in den USA dem Käfer Konkurrenz machen sollen. Tatsächlich setzen die Amerikaner dann daheim aber doch (noch …) auf Autos in Kingsize-Format. So richtig ins Herz schließen mögen aber auch die Deutschen den 40 bis 55 PS starken Zwei-, Drei- und Viertürer nicht. Das sieht beim parallel angebotenen, liebevoll »Badewanne« getauften Taunus 17 M ganz anders aus. Der P3 — so seine interne Bezeichnung — besticht durch seine klare, schlichte Form, die Ford als »Linie der Vernunft« propagiert. Die Ford-Designer Wes Dahlberg und Uwe Bahnsen setzen damit einen viel beachteten Schlusspunkt hinter die Flossenära.

Die Designer in Neckarsulm hingegen orientieren sich derweil weiterhin jenseits des Großen Teichs. Für die 1960 erscheinende Neuauflage des NSU Prinz schrumpfen sie mehr oder minder die Form des luftgekühlten Heckmotorwagens Chevrolet Corvair. Der ebenfalls mit einem Heckmotor versehene Prinz wird bis zum 70 PS starken TTS weiterentwickelt und gehört noch in den 70er-Jahren zu den von Sportfahrern bevorzugt gewählten Modellen. Zu jenem Zeitpunkt hat sich Volkswagen modellpolitisch bereits in eine gefährliche Richtung entwickelt. Zu lange halten die Wolfsburger an dem erfolgreichen Käfer fest, und selbst die darüber rangierenden Modelle 1500 und 1600 basieren auf dem luftgekühlten Vierzylinder-Krabbeltier. Immer wieder dienen der mit dem Käfer identische Radstand und die damit für die zahlreichen VW-Werkstätten verbundene Servicefreundlichkeit als Argument. Und tatsächlich ist das engmaschige Vertriebsnetz ein ganz großer Pluspunkt der Wolfsburger. Doch aus automobiler Sicht gibt es in den 60ern in der Mittelklasse attraktivere Angebote als das müde aufgeblasene Käfer-Derivat. Die zweitürige Schrägheckvariante mit der Bezeichnung TL wird gar als »traurige Lösung« verspottet. Aber die als Limousine mit ebenjenem Schrägheck und der als Kombi namens Variant angebotene Mittelklassewagen bringt Volkswagen durch die 60er-Jahre. Jahrelang können sich der 1500 und der 1600 in der Zulassungsstatistik an dritter Stelle hinter Käfer und Opel Kadett behaupten, ehe dann in den 70ern die Zeit endgültig reif für einen Neuanfang ist. Doch das ist eine andere Geschichte …

Ein ganz anderes Kaliber ist der Chevrolet Corvette, Amerikas Traumsportwagen. 1963 erscheint die auf die Zusatzbezeichnung Sting Ray hörende C2-Generation, von der heute vor allem die Coupés mit dem geteilten Heckfenster gesucht und dementsprechend teuer sind. Designer Bill Mitchell ermöglicht die Neuauflage des Sportwagens, sein Mitarbeiter Bob McLean deutet mit dieser auffälligen Heckgestaltung den Stachel des Rochens an. Tatsächlich ist der V8-grummelnde Sportwagen eine Waffe: Mit Motorleistungen zwischen 250 (5,4 Liter Hubraum) und 425 PS (7,0 Liter) ist er kräftiger motorisiert als seine europäischen Sportwagen-Konkurrenten. Cool sind auch dessen Klappscheinwerfer, eine Mode für flach bauende Sportwagen, die auch in Europa ab der zweiten Hälfte der 60er-Jahre Verbreitung findet. 1968 kommt dann bereits die dritte Generation der Corvette auf den Markt mit einer 70er-Jahre-Formensprache.

Die »Coke-bottle-Corvette« dient dann auch fernab der Staaten als Vorbild; bei Opel wird der 1968 erscheinende GT zu einer Art Mini-Corvette in europäischer Größe und mit Kadett-Motoren. Bereits 1965 zeugt die Vorstellung einer zum GT

VW 1500 (Minichamps), Chevrolet Corvette Sting Ray (Minichamps),
Opel GT (Schuco), Opel Commodore A (Minichamps)

führenden Studie auf der Frankfurter IAA von der Aufbruchstimmung, die bei Opel in Rüsselsheim herrscht, der mitunter eigenständigen Kolonie fern der General-Motors-Heimat Detroit. Nach etlichen Modellen, die mehr oder minder maßstabsgetreue Umsetzungen US-amerikanischer Fahrzeuge sind, angepasst auf die Gegebenheiten des mitteleuropäischen Straßennetzes, entstehen unter der Ägide von Leuten wie den Managern Bob Lutz und Chuck Jordan sowie Designern wie Clare MacKichan, Anatole Lapine, Erhard Schnell, Charles M. Jordan und George Gallion frische Fahrzeuge, die die Herzen der deutschen Kundschaft im Sturm erobern. Dazu gehören sportliche Modelle wie eben GT und Manta, aber auch kompakte Modelle wie Kadett, Olympia und Ascona (ab 1970) sowie die Limousinen vom Schlage eines Rekord C, Commodore und der Oberklasse-Vertreter Kapitän, Admiral und Diplomat. Mit den großen Opel sind seinerzeit auch noch Unternehmer und Industrielle gut angezogen. 1969 erscheint die B-Generation der sogenannten KAD-Modelle (Kapitän, Admiral und Diplomat). Imagemäßig verändert sich das erst im Lauf der 70er-Jahre. Das besiegelt dann auch das Produktionsende der Modelle Admiral und Diplomat; Ende 1977 ist dann Schluss mit dem eleganten Straßenkreuzer aus Rüsselsheim.

Einen Schlusspunkt unter das in die Jahre gekommene Simca-Modell Aronde setzt die französische Marke mit dem 1963 erscheinenden Mittelklassemodell 1300 und 1500. Der Viertürer gefällt durch seine klare, moderne Gestalt mit großen Fensterflächen und üppigem Platzangebot. Scheibenbremsen vorn und eine neu konstruierte 1,5-Liter-Maschine mit 81 PS gehören ebenso zu den Ausstattungsschmankerln wie auch die Liegesitze vorn — der 1300 verfügt noch über eine durchgehende Sitzbank vorn und den alten Vierzylinder aus der Aronde. Ab 1966 wachsen die Modelle ein wenig in die Länge und hören auf die Bezeichnung 1301/1501. Sie bleiben bis Mitte der 70er-Jahre im Programm. Die 70er-Jahre erweisen sich für die 1934 gegründete Marke als stürmisch, schließlich wird Simca 1971 Teil des US-amerikanischen Chrysler-Hauses, bevor es ab 1978 zu Peugeot gehört und mit dem Namen der zwischenzeitig eingestellten Marke Talbot wieder aufgepäppelt werden soll — letzten Endes erfolglos. 1993 wird die Marke Talbot von PSA aufgegeben.

Eine Übernahmegeschichte anderer Art ist die des VW-Porsche 914, einer Kooperation zwischen Volkswagen und Porsche. Für das Haus Volkswagen bedeutet der im Sommer 1969 erscheinende Mittelmotorsportwagen den Ausbau der Modellpalette nach oben und eine Ergänzung oberhalb des in die Jahre gekommenen und eher zurückhaltend motorisierten Karmann-Ghia, für Porsche die willkommene Abrundung des Modellprogramms unterhalb des exklusiven 911. Die vierzylindrigen Modelle orientieren sich technisch näher am Volkswagen und verfügen über einen aus dem glücklosen VW 411/412 stammenden Antrieb, die sechszylindrigen Fahrzeuge erhalten das Herz des 911 — allesamt luftgekühlte Boxermotoren. Der 914/6 ist letzten Endes aber fast so teuer wie sein größerer Bruder und steht sich damit bei den Händlern die Reifen platt. Während der Vierzylinder 1969 mit 12.560 DM in der Preisliste steht, verlangt Porsche für den 914/6 glatte 19.000 DM. So bringt Porsche — und die Stuttgarter übernehmen die Regie bei diesem in Wolfsburg nur bedingt geschätzten Projekt — 1972 einen 914-2,0 mit Zweiliter-Vierzylinder auf

Opel Diplomat V8 (Maxichamps), Opel Admiral B (Minichamps), Opel Kadett A (Minichamps), Opel Olympia B (Neo)

den Markt. In den Zulassungsstatistiken tauchen bis 1975 dann insgesamt 118.975 dieser offenen Mittelmotorsportwagen auf.

Gänzlich offen, ohne den im Lauf der 60er-Jahre von Porsche zur Mode gebrachten Targa-Bügel, kommt der MG B von 1962 daher. Er ist ein typischer Vertreter der britischen Roadster-Bande. Hart, knochig und mit einer Reihe von Schrullen versehen. Dem Erfolg der Marke MG – das steht für Morris Garages – tut das keinen Abbruch. MG gilt bis in die 60er-Jahre als erfolgreichste aller Sportwagenmarken. Mit einer selbsttragenden Karosserie, Kurbelfenstern und zusätzlichem Platz hinter den Vordersitzen ist er jedoch komfortabler als seine Vorgänger. Und mit 95 PS ist er zudem gut motorisiert. Vergleichbare Fahrzeuge, gut motorisierte und zugleich noch einigermaßen erschwingliche offene Zweisitzer, kommen ansonsten aus Italien. Allen voran die Spider von Alfa Romeo und Fiat. Fiat bietet in den 60ern eine ganze Bandbreite von offenen Modellen, vom 850 über 124 (ab 1967) bis zum Dino, an. Und der in den Jahren 1963 bis 1966 angebotene Fiat 1500 Spider rangiert mittendrin. Der ansatzweise familientaugliche Zweitürer hat eine von Pininfarina in Form gebrachte Karosserie in damals moderner Trapezform. Ähnlichkeiten zu verschiedenen Peugeot-, Humber- und Ferrari-Modellen sind nicht zufällig. Auch der im hauseigenen Centro Stile von Alfa Romeo in Form gebrachte 2000 Berlina passt in diese Zeit. Ein ganz neues Zeitalter bricht an, als Alfa Romeo 1962 die Giulietta zur Giulia erwachsen lässt: mehr Platz, eine übersichtlichere Karosserie und mehr Leistung. Dieser Trend gilt auch für andere Marken und Autos aus anderen Ländern.

Alfa Romeo 2000 (Atlas)

Alfa Romeo Giulia Super (Minichamps)

MG B (Minichamps), Fiat 1500 Spider (Norev),
Simca 1500 (Norev), VW-Porsche 914 (Solido)

#Fastback

Der schnelle Rücken bezeichnet die flach nach hinten abfallende Dachform, die den Wagenkörper eines Automobils von der Drei-Volumen-Aufteilung einer Limousine zu zwei Volumen verändert. Das flache Heck beschert dem Wagen ein aerodynamisches Aussehen und suggeriert damit Geschwindigkeit. Es taucht mit den ersten Stromlinienfahrzeugen auf und wird zur Mode bei den Coupés der 60er-Jahre. Bis heute berühmt ist das Fastback des Ford Mustang – Steve McQueen und der legendären Verfolgungsjagd im Krimi *Bullit* sei Dank. Zu den besonders attraktiven Vertretern der Fastback-Spezies aus Europa gehören zweifelsfrei der Aston Martin DBS, Ford OSI 20M, Fiat Dino Coupé und Audi 100 Coupé.

Nach dem Coupé mit Stufenheck und Cabriolet erscheint im Folgejahr 1965 auch die Fastback-Variante des Mustang. Die gefälligen Proportionen finden sofort Anklang.

Die vier Jahre später, 1969, vorgestellte Coupé-Variante der Mittelklasse-Limousine aus Ingolstadt betört ebenfalls durch ihre Proportionen, die auch von einer um zehn Zentimeter flacheren Dachlinie profitieren. Mittlerweile sind auch die Doppelscheinwerfer Insignien sportlicher Modelle. Sie sind daher auch unverzichtbares Gestaltungsdetail des zwei Jahre zuvor präsentierten Fiat Dino Coupé. Anders als bei dem vierzylindrig ausgerüsteten Audi mit 115 PS, arbeitet unter dessen Haube ein reinrassiger Sportmotor. Der V6 mit obenliegenden Nockenwellen ist eine Entwicklung von Ferrari. Aber da die Stückzahlen des bei Ferrari produzierten Dino 206/246 GT nicht ausreichen, um die für die Formel 2 notwendigen Homologationsstückzahlen zu erreichen, findet der 160 PS leistende Zweiliter Verwendung im Lancia Stratos, Fiat Dino Spider und ebenjenem Coupé. Dessen Form stammt aus der Feder von Giorgetto Giugiaro, der zu jener Zeit noch bei der Carrozzeria Bertone leitend angestellt ist. OSI steht für Officine Stampaggi Industriali und ist eigentlich ein Turiner Blechpresswerk. Doch in Nachbarschaft zu den zahlreichen Karosseriebauern im Piemont versucht sich die Firma auch mit der Fertigung einiger Eigenentwürfe auf Basis von Autos der Marken Alfa Romeo, Innocenti, Fiat und Ford. 1966 zeigt OSI in Genf ein elegantes Fastback-Coupé auf Basis des Ford Taunus 20M TS. Und die positive Resonanz auf das Messeexponat ermutigt die Turiner zum Bau des ab 1967 angebotenen Serienmodells mit 90 beziehungsweise 108 PS. Wobei die Serie sich – wegen des 1968 angemeldeten Konkurses von OSI – auf etwas mehr als 3.400 Modelle begrenzt.

Ebenfalls 1967 trat der DBS in die Fußstapfen des Aston Martin DB6. Das Coupé, das nicht zuletzt durch Roger Moore alias Lord Sinclair vor die Augen eines Millionenpublikums fährt, zeigt optische Verwandtschaft zu den GTs jener Zeit. Technisch und preislich rangiert der Aston Martin in einer anderen Liga. Mit Freude nimmt die exklusive Kundschaft zur Kenntnis, dass ab 1969 endlich auch ein V8-Aggregat an die Stelle des aus dem DB6 übernommenen Sechszylinders tritt. Allerdings bietet Ferrari damals im ähnlich teuren 365 GT 2+2 mit zwölf Zylindern ein Plus an Image und Fahrleistungen.

Ford Mustang Fastback (Greenlight), Ford OSI 20M TS (Minichamps), Audi 100 Coupé S (Minichamps), Aston Martin DBS (Minichamps)

#Tourenwagenanfänge

Jim Clark verzaubert die Motorsportwelt. Der junge Schotte startet in den 60er-Jahren für das Lotus-Formel-1-Team und wird gleich zweimal Weltmeister. Und wie damals üblich verdienen sich die Rennfahrer mit Starts bei Tourenwagenrennen ein attraktives Zugeld. Da trifft es sich gut, dass Lotus sich neben dem Bau von Monopostos und Sportwagen auch der 1962 vorgestellten britischen Mittelklasse-Limousine Ford Cortina annimmt. Im Lotus-Sprech bedeutet dies, dass der stählerne »Kent«-1,6-Liter-Vierzylinder-Motorblock mit einem Albzylinderkopf versehen wird, dessen Ventile mittels zweier oberliegender Nockenwellen gesteuert werden — so wie in anderen Lotus-Renn- und Sportwagen. Dazu weichen die Stahlbleche an Türen und Hauben leichtgewichtigeren Alublechen. Und auch das Fahrwerk wird umfassend überarbeitet. Jim Clark — um wieder an den Ausgangspunkt der Geschichte zu kommen — gewinnt damit unter anderem das Tourenwagenrennen auf einer der ältesten Rennstrecken der Welt, im Park des Londoner Crystal Palace. Auch die Formel-1-Kollegen Graham Hill und Jackie Ickx zählen zu den erfolgreichen Teilzeitlenkern des Lotus Cortina. Wird zuvor Sport entweder mit dafür vorgesehenen Renn- oder Sportwagen oder serienmäßigen Tourenwagen getrieben, so entstehen dank der umfassenden serienmäßigen technischen Präparation fortan von den Großserienherstellern optimierte Renntourenwagen. Ford steht damit nicht allein auf weiter Flur. Auch Alfa Romeo verfolgt diese Politik und stellt der ebenfalls 1962 vorgestellten Giulia eine auf 501 Exemplare limitierte Giulia T.I. Super zur Seite, die über zwei Doppelvergaser am bereits serienmäßig mit DOHC-Kopf ausgestatteten Alumotor verfügt. Dazu kommen serienmäßig — so will es das Sportgesetz — Schalensitze und Leichtmetallfelgen. Die rennsporttaugliche Sportlimousine ist geboren.
Vom 850 Kilo leichten Lotus Cortina Mk I entstehen übrigens bis 1966 3.301 Exemplare.

Der mit 910 Kilo etwas behäbigeren Giulia folgt 1965 das mit gerade einmal 745 Kilogramm (im Renntrimm gerade einmal 700 kg) deutlich schlankere Schwestermodell im Coupé-Outfit, der Giulia Sprint GTA. Und A steht für »alleggerita«, meint erleichtert, und deutet auf die Aluminiumkarosserie des Alfas hin, der mit einer Produktionszahl von 500 Exemplaren ebenfalls für den Einsatz bei Tourenwagenrennen homologiert ist. Grundvoraussetzung für die Zulassung einer homologierten Sonderserie ist, dass vom Basismodell der Limousine binnen eines Jahres 5.000 Stück produziert werden.

Lotus Ford Cortina (Minichamps),
Alfa Romeo Giulia TI Super (Alfa Collection/M4), Alfa Romeo Giulia Sprint GTA (Minichamps)

#Länge läuft

1963 präsentiert Mercedes-Benz auf der IAA die Krone des Automobils. Das Beste oder nichts, so lautet der Mercedes-Claim im 21. Jahrhundert. Seinen Ursprung und sein Selbstverständnis feiert er auch im 600er. Die große Limousine tritt die Nachfolge des »Adenauer-Mercedes« Modell 300 an. Wie schon sein Vorgänger ist er auch als Karosse für die Spitzenvertreter aus Industrie und Politik geeignet. Mehr noch, der 600 ist der ultimative Dienstwagen von Staatschefs, Despoten, Päpsten, Rockstars und der Hautevolee sowie all jenen, die eine Alternative zum Rolls-Royce suchen oder benötigen.

100 Millionen DM lässt sich Mercedes die Konstruktion des Spitzenmodells kosten. Gleichwohl entstehen auch Familienähnlichkeiten und Synergien. Der 6,3 Liter große V8 findet beispielsweise auch den Weg in die neue S-Klasse mit dem Entwicklungscode W111. Den W100, so die werksinterne Bezeichnung für den 600, gibt es als geschlossene Limousine und als sogenanntes Landaulet, wie sich die Version mit dem Cabriodach für die Fondpassagiere nennt. Und es gibt ihn mit kurzem sowie langem Radstand, mit zwei und drei Sitzreihen. Das Fahrzeug ist solide, wirkt, als wäre es aus dem Vollen gefertigt. Auch das beschert ihm ein über die Maßen langes Leben. Bis 1981 wird der Mercedes 600 produziert — von ausgewählten Mitarbeitern, die allesamt auf eine jeweils 15-jährige Vergangenheit im Unternehmen zurückblicken können müssen. Und mitunter befindet sich die insgesamt 2.677-mal gefertigte — der Begriff produziert wäre dafür einfach zu profan — Luxuskarosse noch heute in Staatsdiensten.

Als der Mercedes 600 entsteht, sind einige seiner optionalen Ausstattungsdetails schlichtweg sensationell; wie zum Beispiel das Autotelefon, die Bordbar oder sein Fahrwerk mit regelbarer Dämpferkennung. Heute, Jahrzehnte später, taugt das lange nicht mehr für abendfüllende Stammtischgespräche. Auch die 300 Pferdestärken — damals eine Wucht — sind heute mitunter in so manchen Kompaktwagen verbaut. Und effizienter allemal, schließlich verschlingen die Nebenaggregate bereits 50 davon. Und auch das Triebwerk verfügt über einen gesegneten Appetit. So schlürft es knapp 18 Liter Superkraftstoff auf 100 Kilometer (Normverbrauch — im normalen Leben sind das durchaus spürbar mehr …) und zwei Liter Öl auf 1.000. Und alle 5.000 Kilometer wünscht Mercedes, den Wagen zur Inspektion zu sehen.

Das Landaulet mit opulenter 6,42-Meter-Länge wiegt leer 2.948 Kilogramm. 12,9 Sekunden vergehen, bis die Tachonadel aus dem Stand auf Tempo 100 voreilt. Bis sie wieder im Stand ankommt, legt die Fuhre — bei trittkräftiger Verzögerung — über 60 Meter zurück. Zum Vergleich: 2016 steht eine 2,5 Tonnen schwere S-Klasse aus Tempo 100 nach 32 Metern. Testwerte für eines der 44 Fahrzeuge in gepanzerter Version des 600ers liegen nicht vor. Mit einer zehn Millimeter starken Frontscheibe, 60 Millimeter starken Seitenscheiben und sechs Millimeter starken Stahlplatten im Boden addieren sich noch einmal 1,6 Tonnen zum Leergewicht der Basislimousine hinzu; wobei das Wort Basislimousine beim Mercedes-Benz 600 so fehl am Platze ist wie sonst kaum etwas.

Mercedes-Benz 600 (Ixo)

#Frühwerk eines Weltstars

Im Herbst 1959 klopft ein vielversprechender Designer an die Tür von Nuccio Bertone, dem bereits renommierten Karosseriekünstler aus Turin. Sein Name: Giorgetto Giugiaro. Der Youngster bittet um eine Chance — und erhält sie. Bertone zeigt sich spontan von den Zeichnungen Giugiaros begeistert, doch er hegt den leisen Verdacht, sie könnten möglicherweise gar nicht aus der Feder des jungen Mannes stammen. Um den Altmeister vom Gegenteil zu überzeugen, fordert der Bewerber eine Aufgabe. Und erhält sie: Wenige Wochen zuvor wurde die Carrozzeria Bertone mit dem Entwurf eines neuen Coupés auf Basis des 1900-Chassis betraut. Und Nuccio Bertone gibt kurzerhand diese Aufgabenstellung und damit das technische Layout des neuen 2000 Sprint dem Nachwuchs-Designer.

Giugiaro zaubert eine moderne, leichtfüßig wirkende Linie für das stattliche Automobil. Alfa Romeo und Bertone sind gleichermaßen begeistert. Mit seinem ersten eigenen Entwurf, praktisch seiner Bewerbungsprüfung bei Bertone, landet Giugiaro einen Volltreffer. Und so erhält der junge Mann nicht nur ein gut dotiertes Angebot, sondern auch die Leitung der Design- und Prototypen-Entwicklungsabteilung.

Doch zurück zum 2000 Sprint, dessen Linienführung später auch im kleineren Giulia Sprint GT weiterlebt. Das Auffälligste an dem neuen Coupé ist die Tatsache, dass die Doppelscheinwerfer und das Scudetto gemeinsam mit den Öffnungen für den Kühler in einem einzigen durchgehenden Band untergebracht sind. Damit entwirft Giugiaro das erste Automobil mit einem Kühlergrill und schafft eine Mode, die erst in den 90ern durch die Renaissance der singulären Kühlermasken abgelöst werden wird.

Das Coupé erscheint 1960, zwei Jahre nach der Berlina und dem Spider. Die Technik — wie der elastische, 1.975 cm³ große, 115 PS starke Motor mit den beiden Doppelvergasern — ist Alfisti bereits vom 1900 Super Sprint bekannt. Die Karosserie mit dem großzügig verglasten und gestalteten Fahrgastraum ist nun indes aus Stahlblech gefertigt, das Auto damit 250 Kilo schwerer. Die Höchstgeschwindigkeit des elegant gezeichneten Coupés liegt mit 175 km/h unter der des 1900. Aber auch der um 80 Millimeter verlängerte Radstand trägt dazu bei, sein Naturell in das eines Gleiters zu verwandeln. Und das serienmäßige Fünfganggetriebe sorgt bei Autobahntempi für ein angenehmes Drehzahlniveau.
In seiner dreijährigen Produktionszeit zwischen 1960 und 1962 entstehen 704 Exemplare des exklusiven 2000 Sprint, ehe der sechszylindrige 2600 Sprint an seine Stelle tritt. Und für Giugiaro ist es der Beginn einer kreativen Leidenschaft, die noch etliche attraktive Alfa Romeo hervorbringen sollte …

Jörg Walz in *Alfa Romeo Typenhandbuch* (2002)

Alfa Romeo 2000 Sprint (BEST)
Buenos Aires

#Ikonen und Vorbilder

Die an Modellen, Formen und Namen reiche Historie des Automobils hat aber doch eine Reihe von Autos hervorgebracht, die mehr Eindruck hinterlassen haben als das Gros ihrer Artgenossen, nachhaltiger in unserer Erinnerung parken und auch stilbildend auf andere wirken. Nun ist die Sortierung der individuellen Parkgarage für ebenjene außergewöhnlichen Automobile mit Fug und Recht eine verdammt subjektive Geschichte, und doch gibt es mit Sicherheit große Überschneidungen. Werfen wir doch einmal einen Blick in die 50er- und 60er-Jahre. Da herrscht wohl kaum ein Zweifel, dass der Citroën DS auf jeden Fall einen Platz unter den automobilen Ikonen erhält. Als das Auto im Oktober 1955 auf dem Pariser Salon gezeigt wird, erscheint es wie von einem anderen Stern. Tatsächlich, so gibt sein Designer Flaminio Bertoni zu Protokoll, haben ihn Fische zu der Form der neuen Limousine inspiriert. Wie auch immer: Der große Citroën ist die Sensation jener Zeit. Der Messestand bleibt über die komplette Messezeit dicht bedrängt. Die Verkäufer schreiben – so ist das damals noch üblich – fleißig Kaufverträge. In der ersten Stunde unterschreiben 749 Kunden. Bis zum Ende der Messe sind es nicht weniger als 80.000! Der DS bleibt zwei Jahrzehnte in Produktion, 1976 verlässt der letzte von insgesamt fast 1,5 Millionen DS das Band am Pariser Quai de Javel. Neben seiner Form gehören auch das hydropneumatische Fahrwerk und das optisch außergewöhnliche Einspeichenlenkrad zu den Besonderheiten des eleganten Fronttrieblers mit der fast mittig montierten Maschine. Zum Zeitpunkt seiner Vorstellung ist das in einem Stück aus Kunststoff gefertigte, 1,45 Meter breite Armaturenbrett das weltweit größte Nylongussstück. Der Werkstoff wird das Fahrzeuginterieur im Rekordtempo erobern.

Porsche 911 (Minichamps)

Unzweifelhaft gehört ein Porsche 911 auch in ebenjene Garage automobiler Ikonen. 2018 erscheint der »Elfer« in bereits achter Generation. Für Ben Collins, besser bekannt als der weiß gekleidete und mit Helm vermummte Top Gear-Testfahrer »The Stig«, ist der 911 Vorschlaghammer und chirurgisches Instrument – kraftvoll, aber präzise. Der 1963 erstmals gezeigte Sechszylinder-Sportwagen hat ein langes Leben. Erst 1996 bekommt das Kernmodell der Marke Porsche eine komplett neue Technikgeneration. Zuvor profitiert das

Citroën DS (Ixo)
Cannes

Jaguar E (DeAgostini)

Modell von der Beharrlichkeit seiner Fans, die Modelle wie den 1977 erschienenen 928 nicht als Nachfolger für den 911 akzeptieren, und dann sorgt auch die Tatsache, dass Porsche wirtschaftlich durch anspruchsvolle Zeiten zu rauschen hat, für ein Festhalten am Urmodell. Im Grunde genommen bleibt die Karosse des 911 bis zum Erscheinen der Elfer-Generation 993 unangetastet. Und selbst dieser letzte luftgekühlte 911 verfügt noch über die bereits in den 60ern existente Blechstruktur. Eindrucksvoll ist indes, wie sehr Porsche es dann mit der Zeit verstanden hat, diese Ikone sorgfältig und behutsam weiterzuentwickeln, stets nah am Kern des Modells, dessen Nachfolger immer besser sind als ihre Vorgänger und trotzdem stets typische 911. Während Sportwagen oftmals über einen aggressiven Auftritt verfügen, mit scharf gezeichnetem, grimmigem Antlitz, scheint der auf Wunsch von Ferry Porsche mit stehenden Scheinwerfern (zum besseren Anpeilen von Kurvenscheitelpunkten) versehene 911 stets zu lächeln. Lächeln tun auch die Insassen, schließlich wissen alle 911-Generationen mit überzeugenden Fahrleistungen aufzuwarten. Der Urentwurf des 911 ist übrigens auch ein echter Porsche: Er stammt aus der Feder des Designers Ferdinand Alexander »Butzi« Porsche, der als Chef der Porsche-Designabteilung damals die Modelle 911 und 904 verantwortet. Als Porsche Anfang der 70er-Jahre die Familienmitglieder der Eigentümerfamilie aus der Firma schickt, beginnt der Erfolg des in Zell am See ansässigen, von »Butzi« Porsche gegründeten Hauses Porsche Design.

Unlängst hat eine prominent besetzte Jury aus Designern, Journalisten und Autoren den Jaguar E-Type zum schönsten Auto aller Zeiten gekürt. Mazda-Designer Ikuo Maeda beispielsweise lobt: »Die Nase streckt sich bis zum Äußersten dessen, was möglich ist, ohne die Balance der Proportionen zu kippen.« Sein General-Motors-Kollege Wayne Cherry pflichtet ihm bei: »Die steile Frontscheibe hilft, die Motorhaube optisch zu verlängern.« Das größte Lob erhält der von

Jaguar-Designer Malcolm Sayer unter der Ägide des Jaguar-Gründers Sir William Lyons in Form gebrachte Sportwagen aus dem Mund eines anderen Sportwagen-Papstes: Für Enzo Ferrari ist der E-Type »das schönste Auto, das jemals gebaut wurde«. Auch der E-Type hat ein langes Leben. Er erscheint 1961 als Nachfolger der XK-Modelle und bleibt bis 1974 in Produktion. Insgesamt entstehen 72.500 Fahrzeuge des aerodynamisch aussehenden, tatsächlich aber nicht besonders strömungsgünstigen Sportwagens (der c_w-Wert des Ur-Coupés liegt bei 0,44). Er wird als Cabriolet und Coupé angeboten, erhält im Lauf der Zeit einen längeren Radstand – und Platz für 2+2 Passagiere. Aufsehen erregt nicht nur die Länge der Motorhaube, sondern auch die Tatsache, dass sich diese praktisch als gesamter Vorderwagen inklusive der Kotflügel nach vorn klappen lässt, um den Blick auf das Antriebsaggregat freizugeben. Als Motorisierung wird dem Sechszylinder-Reihenmotor ab 1971 ein V12 zur Seite gestellt. Vom Naturell her wird der E-Type dann eher Gran Turismo als Sportwagen. Den wiederum, in seiner Urversion und in knalligem Rot gehalten, bevorzugt Jerry Cotton, Held der gleichnamigen auflagenstarken Groschenromane; das ist ein über Jahrzehnte beliebter, an Kiosken erhältlicher kostengünstiger Lesestoff. Für Fritz B. Busch, Prototyp des Motorjournalisten in der späten Jugendzeit des Automobils, bleibt der E-Type ein Auto »für Männer, die Pfeife rauchen«. Für viele Neider eine automobile Kompensation vermeintlicher Minderwertigkeitsgefühle. Wie dem auch sei: Unbestritten ist der E-Type einer der ganz großen Würfe, die jemals auf vier Rädern verwirklicht wurden.

Renault 16 (Minichamps)

Ein Vorbild ganz anderer Sorte ist der Renault 16. Und vielen wird er nicht als wegweisendes Automobil gegenwärtig sein. Doch tatsächlich wird nach Erscheinen der neuen Mittelklasse-Limousine des damals französischen Staatskonzerns im Jahr 1965 vieles nicht mehr so sein wie zuvor. Mit dem großen Renault wird der Nutzwert auch zu einem fortan entscheidenden Kriterium in der automobilen Mittelklasse. Fünf Türen, sprich vier geräumige Seitenportale und eine große Heckklappe für den gut zugänglichen, ordentlichen, variablen Gepäckraum, weiß die Kundschaft spontan zu schätzen. In Verbindung mit dem Frontaltrieb bietet der R16 seinen Insassen so viel Flexibilität, wie sie Familien zuvor nicht finden. Das Konzept findet rasch Nachahmer und ebnet den Weg für die Kombis, die sich in Europa aus der Handwerkerecke hin zum beliebten Modell für Beruf und Familie entwickeln. Der R16 ist aber nicht nur praktisch, sondern auch schick. Und er ist beliebt. Er bleibt 16 Jahre in Produktion. Erst nach 1,85 Millionen Exemplaren ist Schluss.

#Von Millionen und Millionären

»Die weltweite Nachfrage nach Kraftfahrzeugen wird eine Million nicht überschreiten — allein schon aus Mangel an verfügbaren Chauffeuren.«

Gottlieb Wilhelm Daimler

Im September 1962 rollt in Stuttgart-Sindelfingen der 1.000.000. Nachkriegs-Mercedes vom Band. Die Millionengrenze für Kraftfahrzeuge fällt bereits deutlich früher. Und dennoch erlebt der 1900 verstorbene Automobilpionier nicht mehr den Siegeszug und die Dominanz seiner Erfindung. In Deutschland werden 1937 erstmals über eine Million Automobile gezählt. In den USA sind es zu diesem Zeitpunkt bereits fast 24 Millionen. Das am Fließband gefertigte T-Modell von Ford beschert den Amerikanern bereits eine Million Fahrzeuge auf den Straßen, als in Europa der Erste Weltkrieg wütet.

Die »große Heckflosse«, wie die Limousine wegen ihrer »Peilstege« (so der offizielle Daimler-Benz-Jargon) landläufig genannt wird, erscheint 1960 auf dem Markt. Panoramascheiben und große Fensterflächen sind — wie auch die modische Heckgestaltung — dem Zeitgeist geschuldet. Die Gestaltung der Fahrgastzelle unter Sicherheitsgesichtspunkten und das neutrale Fahrwerk setzen seinerzeit Maßstäbe. Daher verwundert es nicht, dass die »schwere Reiselimousine internationaler Klasse« (wie sie hausintern genannt wird) auch bei Rallyes und Rundstreckenrennen hart rangenommen wird — durchaus erfolgreich.

Mercedes-Benz 220 SE (W111) (Minichamps)

#Noch ein All-Time Great …

Die Giulia in ihrer ab 1963 erscheinenden Coupé-Variante namens Sprint GT betört mit einer attraktiven Linien und einer Leichtigkeit, wie sie nur wenige Autos versprühen. Auf einem wohlproportionierten Wagenkörper thront ein lichter Oberbau mit üppiger Verglasung und filigranen Dachpfosten. Die Rundungen betören, und so ist es auch kein Wunder, dass das schicke Coupé nicht weniger als 14 Jahre in Produktion bleibt. Der Spitzname der sportlichsten aller Giulias lautet Bertone. Aber eigentlich ist diese Schöpfung ein Giugiaro. Aber Giorgetto Giugiaro wird sich erst Anfang der 70er mit seinem ebenfalls in Turin ansässigen Designunternehmen Ital Design selbstständig machen und unter diesem Namen wegweisende Autos wie den Alfasud, Alfasud Sprint, Alfetta GT, BMW M1, Fiat Panda, Lotus Esprit sowie die VW Golf, Passat und Scirocco entwerfen. In den 60ern ist der begnadete Designer bei Bertone angestellt und zeichnet dort für das Design verantwortlich – welch schönes Wortspiel in diesem Zusammenhang …

Wie die meisten Automobile erfährt auch »der Bertone« zeit seines Lebens eine Frischzellenkur, mit der sein Auftritt dem wandelnden Zeitgeschmack angepasst wird. Das Facelift für den Giulia Sprint GT datiert auf das Jahr 1970 und geht einher mit einer geglätteten Frontgestaltung und der Premiere der leistungsstärksten Straßenversion, dem 2000 GT Veloce – 132 PS und eine Höchstgeschwindigkeit von fast 200 km/h! Und das zu attraktiven Preisen. Unterhalb des Zweiliters rangieren die Modelle mit 1.300, 1.600 und 1.750 Kubik. Dazu kommen noch die Rennversionen GTA (mit Alukarosserie, Doppelzündung und mehr Rennsiegen als alle anderen Renntourenwagen) sowie GTAm (mit 1.750 und 2.000 cm^3 Hubraum). Das bei der Carozzeria Touring gefertigte Cabriolet GTC bleibt ein lediglich 1.000-mal produzierter Exot.

Alfa Romeo Giulia Sprint GT (ProgettoK/Boracay)

#Die sehen doch alle gleich aus! ...

... diesen Ausspruch haben wir doch schon einmal gehört. Alle. Nur wann? Und zu welcher Zeit hatte er jemals seine Berechtigung? Zugegeben, heutige SUV sehen sich mitunter schon ziemlich ähnlich. Tauschte man Kühlergrills aus und entfernte die Markenlogos, nur noch ausgewiesene Automobilkenner könnten die Fahrzeuge ihren Herstellern zuordnen.

Doch gab es diese Sprüche nicht bereits in den 70er- und 80er-Jahren? Und wenn wir den Blick auf einige Fahrzeuge aus den 60ern werfen, dann liegt uns auch der Spruch »Die sehen doch alle gleich aus« auf den Lippen. Finden Sie nicht auch, dass ein Alfa Romeo 2600 Spider durchaus Ähnlichkeit mit einem Maserati 3500 Spider aufweist und sich ein Ferrari 250 GT SWB verwandt mit einem Aston Martin DB4 GTZ zeigt? Und wie sieht es mit der Frontgestaltung eines Peugeot 404 im Vergleich zu dem Antlitz eines Ferrari 250 GTB aus? Zugegeben, Letztere stammen beide aus der Werkstatt von Battista »Pinin« Farina. Aber auch andere Karosserieschneider orientierten sich an dieser Mode. Und so ist die automobile Erscheinungsform letztendlich auch ein Teil der jeweiligen Mode und des Zeitgeschmacks.

Und dass der Betrachter im Lauf der Zeit zur Verklärung neigt, ist allgemein bekannt. Wenn für Autos der Vergangenheit beispielsweise ein Käfer, E-Type sowie eine S-Klasse W111 als Orientierungshilfe dienen, ist die Wahrscheinlichkeit groß, dass sich heutige Autos im Auge des Betrachters ähneln. Würde er aber einen Honda Jazz mit einem Porsche Panamera und Chevrolet Suburban vergleichen, so wäre die automobile Welt von heute weiter so bunt und facettenreich wie im retrospektiven Blick des Betrachters. Mit Sicherheit sogar noch modell- und facettenreicher.

Maserati 3500 Spider (Minichamps), Alfa Romeo 2600 Spider (Minichamps)

Ferrari 250 GTE (Ixo),
Ferrari 250 Lusso (Ixo), Peugeot 404 (Vitesse)

#1968 — ein bewegendes Jahr

Höher, schneller, weiter ... Mit der erstmalig bemannten dreimaligen Umrundung des Mondes durch die NASA-Astronauten Frank Borman, James Lovell und William Anders sind Vertreter der Menschheit im Dezember 1968 so weit von der Erde entfernt wie niemals zuvor. Mit der im September vorgestellten Boeing 747, dem bis heute produzierten und beliebten »Jumbojet«, reisen immer mehr Menschen in großer Geschwindigkeit von Kontinent zu Kontinent. Und der von Jesse Owens bei den Olympischen Spielen in Mexico City erzielte Weitsprungweltrekord von 8,90 Metern wird über 23 Jahre Bestand haben, so eindrucksvoll ist die in der mexikanischen Höhenluft erzielte Sprungweite. Doch es sind andere Themen, die die Menschen anno 1968 bewegen: 1968 stehen die Zeichen auf Protest und Sturm. Die Jugend begehrt auf und fordert Auseinandersetzung und Neuordnung. Und das — und das ist neu! — weltweit. In den USA gibt es Proteste gegen die Rassenunterschiede zwischen schwarz und weiß sowie den Vietnamkrieg, im Ostblock gipfelt der Hunger nach Demokratie im Prager Frühling, in Frankreich gibt es Studentenunruhen, und auch in Deutschland sind es die jungen Akademiker, die einen Neuanfang fordern. Mit der Ermordung von Martin Luther King und des neuen Hoffnungsträgers »Bobby« Kennedy — fünf Jahre nach dem gewaltsamen Tod dessen älteren Bruders John F. Kennedy — kommt es zu Unruhen, ebenso wie in Prag, wo russische Panzer aufmarschieren und die Erneuerung im sozialistischen Ostblock zunichtemachen, sowie in Paris und Deutschland, wo sich die Wut nach der Ermordung des Studentenführers Rudi Dutschke in Straßenschlachten entlädt. Aber es geht auch friedlich: Jene Zeit ist auch der Startpunkt für die Hippiekultur und wohngemeinschaftliche Kommunen.

Und aus automobiler Sicht? Für Auflehnung steht die Entstehungsgeschichte eines dann doch — im wahrsten Sinne des Wortes — mittelklassigen Autos, des Audi 100. Erdacht von Daimler-Ingenieuren — die Auto Union ist seinerzeit noch im Besitz von Daimler-Benz —, wird die neue, fortschrittliche Limousine beziehungsweise die Entwicklungsarbeit mitsamt den involvierten Technikern an Volkswagen verkauft. Fernab von Wolfsburg unter dem Radar der Geschäftsführung in Ingolstadt bringen es dieselben Männer zur Serienreife. Sie schaffen damit eine bürgerliche, frontgetriebene und modern motorisierte und verpackte Alternative zum kleinen Benz. Gleichzeitig legen sie damit den Grundstein für den heute bekannten Erfolg und das Prestige von Audi. In Wolfsburg hingegen ist man technisch meilenweit davon entfernt und allein den Ansagen des Vorstands hörig. Das Ergebnis gipfelt in einer Limousine, die letzten Endes nicht anderes ist als ein Käfer XXL, dem 411. Ein bereits bei seiner Premiere technisch und stilistisch antiquiertes Fahrzeug mit gewöhnungsbedürftiger Optik. Dementsprechend kurz ist das Leben des auch als »Nasenbär« verspotteten Schrägheck-Viertürers. Und da hilft ihm auch nicht die gesuchte Nähe zum Porsche — die Vertriebsleute verweisen auf Fahrwerksverwandtschaften. Und

VW 411 (Minichamps)
Steingatterl

Audi 100 (Minichamps)

Mercedes-Benz 200/8 (Faller)

der Vierzylinder-Boxer wird das Aggregat für die zweite Serie des in die USA exportierten 912. Eine Erfolgsgeschichte wiederum ist die Vita des Strich-Acht, des neuen Mittelklasse-Mercedes mit schlicht-sachlicher und zugleich konservativ-hochwertiger Optik. Schnell hat das Modell jahrelange Lieferfristen – wie es sonst und in nochmals extremerer Form in der DDR-Planwirtschaft üblich ist. Das Bildungsbürgertum – auch dieser Begriff ist eine Schöpfung jener Zeit – hat mit dem vom italienischen Star-Couturier Pinin Farina eingekleideten Peugeot 504 eine attraktive Alternative, die dem Mercedes in nichts nachsteht. Auch dieses Fahrzeug hat ein über Jahrzehnte währendes Leben, das sich in Südamerika und Afrika fortsetzt. Sein Produktionsende – in Namibia – datiert auf das Jahresende 2005.

In Deutschland beruhigt sich die 68er-Szenerie größtenteils und versucht sich im bürgerlich geordneten »Gang durch die Instanzen«, doch ein Teil der Studentenbewegung radikalisiert sich und gründet die »Rote-Armee-Fraktion« (RAF), die für lange Jahre das Land mit Terror überziehen wird. Gegen exquisite Automobile haben aber auch die Terroristen um Ensslin, Baader und Meinhof nichts einzuwenden. Zu ihrem illegal beschafften Fuhrpark gehören unter anderem auch Iso Rivolta und Porsche 911 – der Stuttgarter Sportwagen gehört 1968 längst zum Establishment.

Peugeot 504 (Maxichamps)
Berlin

#Der ewige 911

Niemand denkt auch nur im Traum daran, als Porsche im September 1963 den neuen Sechszylinder-Sportwagen in Frankfurt auf die Messe stellt, dass sich dieser zum Millionenseller mit einer über 50-jährigen Produktionshistorie entwickeln wird. Ferrys Sohn »Butzi«, der später mit Porsche Design sein eigenes Unternehmen gründen wird, gelingt es auf einzigartige Weise, eine Form zu finden, die sowohl an Porsches Wurzeln, den 356, erinnert als auch Raum lässt für eine immer wieder neue Interpretation. So bleibt der 911 stets ein begehrenswerter, höchst ansehnlicher Sportwagen. Über alle Generationen hinweg. Und das sind bereits sieben beziehungsweise mit der 2018 erscheinenden Baureihe 992 acht. Das anfangs noch 901 getaufte, schnell auf 911 umgetaufte Urmodell befindet sich von 1964 bis 1973 in Produktion. Die Bandbreite seiner serienmäßigen und straßenzugelassenen Leistung reicht von zwei Liter Hubraum und 110 PS bis hin zu 2,7 Liter mit 210 Pferdestärken. 1973 erfährt das Modell ein umfassendes Facelift mit für den wichtigen US-amerikanischen Markt entwickelten Sicherheitsstoßstangen sowie einem durchgehenden Leuchtenband am Heck. Mit dem Turbo bekommt der 911 dann noch ein leistungsstarkes Topmodell zur Seite gestellt, anfangs 260, schnell 300 PS stark, mit üppigen Kotflügelverbreiterungen und charakteristischem Heckspoiler. Und auch diese Modellversion entwickelt sich zu einem Langstreckenläufer — damit sind nicht nur die Rennerfolge gemeint, sondern auch die bis 1989 währende Produktionsdauer. Dann ziehen unter anderem Allradantrieb und Servolenkung ein. Und in die Karosserie integrierte Stoßfänger. Der interne Modellcode der Baureihe hört auf die Bezeichnung 964. Ihm folgt bereits 1993 die nächste Generation namens 993. Die Bandbreite des als Coupé, Cabriolet und Targa, als Turbo und GT2 angebotenen Modells reicht von 272 bis zu 450 PS. 1997 steht dann ein gründlicher Wachwechsel ins Haus: Mit dem 996 endet die Ära des luftgekühlten Sechszylinder-Boxers. Nicht nur aus Emissionsgründen erhält der Elfer ein komplett neu entwickeltes Aggregat. Wiederum mit sechs Zylindern in Boxeranordnung. Nun aber eben wassergekühlt. Und die Fangemeinde echauffiert sich. Doch mit der Zeit legt sich auch der Protest und weicht Wohlgefallen. Porsche, inzwischen vom zwischenzeitig am Abgrund stehenden, angeschlagenen Sportwagenbauer zum sanierten und kerngesunden Vorzeigeunternehmen gemausert, bringt mehr 911 auf die Straße denn je zuvor. Und die Palette des 911 wird ausgebaut.

Über zwei Dutzend verschiedene Varianten des 911 weist die Preisliste zwischenzeitig aus. Dem anfangs auch wegen seiner vom kleineren Modell Boxster entliehenen »Spiegelei«-Leuchten kritisierten 996 folgt der 997 und 2011 — als erster Elfer des mittlerweile im Volkswagen-Konzern integrierten Unternehmens — die siebente Generation mit dem Code 991. Dessen Bandbreite in Sachen Motorleistung reicht von anfangs 350 bis hin zu 700 PS. Letzterer hört auf die Bezeichnung 911 GT2 RS. Mit ihm stellt Porsche 2017 einen atemberaubenden Nürburgring-Nordschleifen-Rundenrekord für straßenzugelassene Fahrzeuge auf: 6:47,3 Minuten misst die Stoppuhr für das Umrunden der legendären Eifelrennstrecke. Und mit dem 992 steht inzwischen 911-Generation Nummer acht auf Rädern.

Porsche 911 Urmodell, (Welly)
Brooklyn

Porsche 911 Carrera 2.7 targa (Neo)

Porsche 911 turbo (930) (Wally)

Porsche 911 »30 Jahre« (964) (Minichamps)

Porsche 911 Carrera 4S (993) (Schuco)

Porsche 911 Carrera (996/2) (Minichamps)

Porsche 911 Carrera 4 Targa (997/2) (Minichamps)

Porsche 911 Carrera GTS (991/1) (Schuco)

Porsche 911 Carrera S (992) (Minichamps)

#Schöner Auftritt für zwei

1966 entsteht mit dem Alfa Romeo Spider 1600 Duetto der »klassische« Spider. Die schnörkellos glatte Spider-Karosserie aus der Pininfarina-Feder stößt nicht sofort auf Gegenliebe, doch der avantgardistische Entwurf entpuppt sich als zeitlos, und so hat die Form des zweisitzigen Sportwagens — von einigen zeitgenössischen Modifikationen abgesehen — Fortbestand bis 1993. Während in den 70er- und 80er-Jahren die Spezies Cabriolet beinahe vom Aussterben bedroht ist, wird der Spider zur festen Größe und Urmeter für die heutige Roadster-Renaissance. Das 1996 vorgestellte »Rundheck«, das dem Spider seinen Spitznamen »Osso di Sepia« (Tintenfischschulp) beschert, wird 1969 durch das sogenannte Fastback (Abrissheck) ersetzt. Ab 1983 trägt der bis zu 131 PS starke Spider ungeliebte Spoiler, die jedoch 1990 wieder verschwinden. Insgesamt bleibt der offene Sportwagen 27 Jahre in Produktion. Erst als einige Werkzeuge neu angefertigt werden müssen, entschließt sich Alfa Romeo zur Produktionseinstellung — der Nachfolger steht schließlich bereits in den Startlöchern.

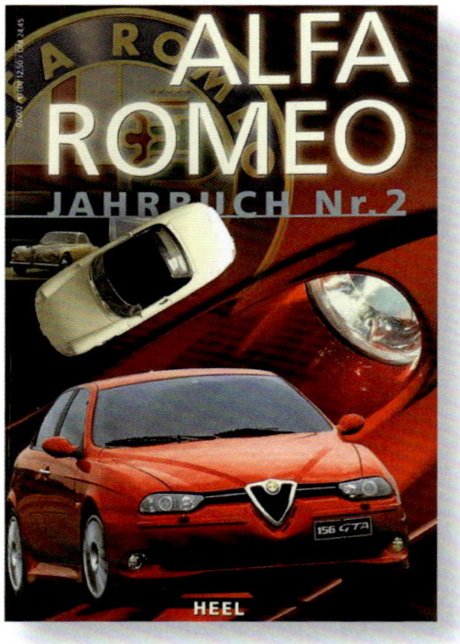

Jörg Walz in *Alfa Romeo Jahrbuch Nr. 2* (2001)

Alfa Romeo Spider 1600 Duetto (Quartzo)
Fürth

#Rechts, links und andersherum

Überall auf der Welt gilt Rechtsverkehr. Zumindest mehrheitlich, denn in gerade einmal 59 der insgesamt 221 Staaten mit Straßenverkehr wird auf der linken Straßenseite gefahren. Bei den Staaten mit Linksverkehr handelt es sich in erster Linie um Länder, auf die Großbritannien Einfluss ausgeübt hat. Aber eigentlich beginnt die Geschichte des Verkehrs auf der linken Straßenseite. So konnten sich die einander begegnenden Verkehrsteilnehmer — die meisten Menschen sind ja Rechtshänder — freundlich grüßen oder ihre Waffen dem Gegner entgegenstrecken, und das sichtbar für den Entgegenkommenden. Aber auch beim Aufsteigen aufs Pferd, meist von der linken Seite, erweist sich Linksverkehr als praktisch, schließlich entfällt so das Wenden des Pferdes. Und auch bei am Zaumzeug geführten Pferden ist es für die Pferdeführer gesünder, links des Weges zu gehen, und auf diese Weise nicht zwischen sich begegnende Fuhrwerke zu geraten.

Erst mit der Verordnung Napoleons und der Zunahme von geführten Kutschen beginnt die Vorherrschaft des Rechtsverkehrs. Marschierende Truppen können sich so mit einem in der linken Hand geführten Schild schützen und Kutscher ihr Gefährt, bei dem die Bremse meist rechts montiert ist, sicherer führen.

In Italien wird der Verkehr Mitte der 20er-Jahre von links auf rechts umgestellt. Und dennoch haben viele Vorkriegsfahrzeuge in Italien noch Rechtslenker. Zum einen dauert es noch ein paar Jahre, bis der Verkehr sowohl auf den Landstraßen als auch auf den Wegen in der Stadt einheitlich rechts fährt, und zum anderen erweist sich der Volant auf der fahrbahnbegrenzenden Seite als praktische Angelegenheit bei Fahrten auf engen Alpenpässen.
In Schweden wird der Verkehr Mitte der 60er-Jahre von einem auf den anderen Tag von links auf rechts umgestellt; am »Dagen H«, dem 3. September 1967. Die »Högertrafikomläggningen« (Rechtsverkehrumstellung) ist ein Zugeständnis an die Angleichung der Verkehrssysteme Kontinentaleuropas und daran, dass die meisten der sich auch in Schweden rapide ausbreitenden Fahrzeuge mit einem Lenkrad auf der linken Seite ausgerüstet sind. Demnach macht der Rechtsverkehr Überholmanöver einfacher und sicherer.

Der Volvo Amazon erscheint bereits 1956. Doch er wird bis 1970 produziert und ist auch in der zweiten Hälfte der 60er-Jahre eines der im schwedischen Straßenverkehr dominierenden Fahrzeuge. 1959 erhält er — als erstes Serienauto der Welt — serienmäßig Dreipunkt-Sicherheitsgurte. Ab 1960 wird parallel sein Nachfolger, die Volvo-Baureihe 140 (142 mit zwei Türen, 144 mit vier Türen und 145 als Kombi), angeboten. Die kantige Limousine und der ihr zur Seite gestellte Kombi werden zu den Volvo-240er-Modellen weiterentwickelt und leben bis hinein ins Jahr 1993. 1968 kommt der auf dem 140er aufbauende Sechszylinder-Volvo 164. Sein Nachfolger ist das ebenfalls sechszylindrige Oberklassemodell 264.

Volvo 121 Amazon (Minichamps),
Volvo 164 (WhiteBox), Volvo 142 (Triple9)

#Von Ozeanriesen, Düsenjets und Rennboliden

Als das Automobil ins zarte Jugendalter kommt, die allererste Ära zusammenmontierter Fahrmaschinen einer Zeit weicht, in der Form und Zeitgeschmack sich auch als gestalterische Elemente des Automobils wiederfinden, sprich in den 30er-Jahren des 20. Jahrhunderts, geben elegante Ozeanriesen, die Schiffe, mit denen sich Ozeane überbrücken und neue Länder und Horizonte entdecken lassen, ein Formideal, dass die Karosseriebauer gern für die Gestaltung von Automobilen aufgreifen. Gern pfeilförmig, erinnert der Kühler oftmals an einen Bug, neben dem sich die Bugwellen in Form kunstvoll geschwungener Kotflügel aufbäumen. Gern dürfen die eleganten Karossen Erinnerungen an die für die Schifffahrt beliebte Jagd nach dem Blauen Band wecken, mit dem besonders zügige Atlantiküberquerungen ausgezeichnet werden.

In den 50er-Jahren dient dann wiederum ein Verkehrsmittel als Vorbild für Formen und Details, die im Automobilbau wiedergegeben werden: Diesmal ist es das Flugzeug. Mit Beginn des Düsenzeitalters erscheinen an Heckleitwerke erinnernde Flossen und Rückleuchten, die die Formen von Düsen und Raketenstrahlen zitieren. Der Trend blüht auf in Amerika, wird aber selbst in Europa kopiert. Ein gutes Beispiel dieser kontinentübergreifenden Formgebung ist der DKW 1000 Sp, ein kompaktes deutsches Coupé, das unverhohlen den US-amerikanischen Ford Thunderbird zitiert.
Noch einmal knapp zwei Jahrzehnte später erscheint dann die Keilform auf der Bildfläche. Der Lancia Stratos ist das extremste keilförmige Fahrzeug. Inspiration dafür sind die Rennwagen, die neuerdings mit Heckspoilern über die Rennpisten rasen und dank ihrer neuartigen Aerodynamik bis dato ungekannte Fahrleistungen ermöglichen. Als Stilzitat Geschwindigkeit und Dynamik suggerierend, werden aber selbst Limousinen keilförmig gestaltet. Der NSU Ro 80 ist dafür ein Paradebeispiel.

Horch 855 Spezial-Roadster (Minichamps)

Mercedes-Benz 540 K Spezial-Roadster (DeAgostini)

DKW 1000 Sp (Minichamps), Ford Thunderbird (Minichamps), Lancia Stratos Concept (Minichamps), NSU Ro 80 (Minichamps)

#Auf den Straßen von San Francisco und Co.

Kowalski ist ein mehr oder minder erfolgloser Rennfahrer, der anstelle von Siegprämien auf den Lohn für schnelle Fahrzeugüberführungen angewiesen ist. So ist es auch, als er einen weißen Dodge Challenger R/T im Eiltempo nach San Francisco zu überführen hat. Das ist die Handlung des 1971 erschienenen Roadmovies *Vanishing Point,* im Deutschen *Fluchtpunkt San Francisco* — ein Mix aus Drogen, Pferdestärken, Sex und Musik. Hauptdarsteller sind Barry Newman und sein 70er Muscle Car mit 440-cubic-inch-V8-Maschine — metrisch ausgedrückt sind das 7,2 Liter Hubraum.
Überhaupt sind die üppig motorisierten und eher knapp geschnittenen Coupés Detroiter Herkunft — die Muscle Cars der beginnenden 70er-Jahre — beliebte Requisiten für die in jenen Zeiten zunehmend populärer werdenden spektakulären Filmverfolgungsjagden. Prominentes Beispiel dafür sind der Dodge Charger R/T und der 68er Mustang Fastback, die sich in und um San Francisco ein unerbittliches Verfolgungsduell liefern — mit flammeninfernalischem Ausgang. »The good one« ist in diesem Fall Polizei-Detective Frank Bullitt, gespielt von Steve McQueen, dem zu jener Zeit erfolgreichsten US-Schauspieler. Die zehnminütige Hetzjagd ist das Herzstück des 1968 erscheinenden Hollywood-Werks *Bullitt.*
Gleich eine ganze Serie bekommt den Namen *Die Straßen von San Francisco (The Streets of San Francisco),* und viele der insgesamt 120 Folgen der zwischen 1972 und 1977 in fünf Staffeln produzierten Serie kommen nicht ohne spektakuläre Verfolgungsfahrten mit atemberaubenden Drifts und Überholmanövern im ansonsten unbeteiligten Verkehr aus. In den Hauptrollen sind Karl Malden — als Lieutenant Mike Stone — und der noch junge Michael Douglas — als Inspector Steve Heller — zu sehen und immer wieder ihr goldbrauner Ford Galaxie. Im Lauf der Jahre wechseln die Polizisten natürlich auf jeweils aktuelle Modelle, und auch die Ford-Modelle LTD und Galaxie 500 sind Teil des San-Francisco-Police-Department-Fuhrparks. Die schlimmen Finger, denen Stone und Heller immer wieder den Garaus machen, sind hingegen mit allem Möglichen unterwegs, was das Straßenbild der Westküste in den 70er-Jahren so bietet. Ein typischer Vertreter dieser Zeit ist der Dodge Monaco oder der 69er Mercury Marauder. Letzterer zeigt, wie groß die anfangs noch schlankeren Coupé-Varianten Anfang der 70er-Jahre geworden sind. Unter der üppigen Blechhaut arbeiten — natürlich — V8-Motoren, die im Monaco aus 6,3, 6,8 und 7,2 Liter Hubraum zwischen 270 und 365 PS mobilisieren. Die mit über 40 Minuten bis heute längste Verfolgungsjagd Hollywoods ist Teil der Erstfassung von *Gone in 60 Seconds* (in Deutschland: *Die Blechpiraten).* In der Filmproduktion von 1974 spielt ein 73er Ford Mustang Mach 1 die Hauptrolle. Der Name des Wagens: »Eleanor«. 93 in Unfällen zerstörte Wagen spielen die leidvollen Nebenrollen. Ein cineastisches Meisterwerk ist dieser Film beileibe nicht. Aber Verfolgungsjagden begeistern auch heute noch Kinobesucher. Die nicht enden wollende Serie von *Fast & Furious*-Filmen ist Beweis dafür.

Dodge Challenger (PremiumX), Dodge Charger R/T (Greenlight),
Dodge Monaco (Minichamps), Dodge Monaco Policecar (Atlas)

#Kleine Autos als Basis eines großen Erfolgs

»Die Japaner haben eine raffinierte Art, ihren Stahl in die Vereinigten Staaten zu schmuggeln. Sie malen ihn an, stellen ihn auf vier Räder und nennen das Ganze Auto.«

Henry Ford

Heute ist für viele Amerikaner Toyota längst eine amerikanische Automarke. Allein bei Toyota arbeiten rund 350.000 Mitarbeiter in den US-Werken. Und an Fahrzeugen wie dem bulligen Pick-up Tundra, die maßgeschneidert sind für den nordamerikanischen Markt. Angefangen hat alles ganz anders: Nach dem Ende des Zweiten Weltkriegs, den Atombomben von Hiroshima und Nagasaki, ist das besiegte Japan anfangs von den US-Streitkräften besetzt. Und — wie das ebenfalls besiegte und besetzte Deutschland — Produktions- und Handelshürden unterworfen. Dazu gehört unter anderem auch, dass den Japanern anfangs lediglich die Fertigung von Motorrädern und kleinen Automobilen gestattet ist. Kleine Autos, die sich — als sogenannte Kei- oder K-Cars auch heute noch in Japan größter Popularität erfreuen — auch nach Amerika exportieren lassen. Quasi als niedlicher Gegenentwurf zu den ausladenden Straßenkreuzern US-amerikanischer Herkunft.

Anfang der 80er-Jahre erzwingen die Amerikaner zur Stützung ihrer eigenen Automobilproduktion eine Importobergrenze. Für die Japaner ist das die Motivation zur Entwicklung und Produktion größerer Automobile und ernstzunehmender Sportwagen. Auch die Luxusmarken Lexus (Toyota), Infiniti (Nissan) und Acura (Honda) entstehen. Und um sich von weiteren Handelsbeschränkungen unabhängig zu machen, errichten die japanischen Automobilhersteller in den 80ern eigene Werke in den Vereinigten Staaten.

Kei-Cars dürfen maximal 1,47 Meter breit und 3,39 Meter lang sein. Und ihr Hubraum ist auf maximal 660 cm^3 limitiert. Was diese in vielen Bauformen — vom Sportwagen bis hin zum Mini-Van — erhältlichen Kleinwagen aber so beliebt macht, ist die Tatsache, dass deren Fahrzeughalter keinen eigenen Parkplatz vorweisen müssen. Das ist ein im räumlich sehr begrenzten Japan großer Vorteil.

Honda N 360 (Ebbro), Lexus LS 400 (Yat Ming),
Mazda 323 (WhiteBox), Lexus SC 430 (Minichamps)

#Strich-Acht

Der Spitzname ist schwäbisch sachlich, ohne große Lyrik: Strich-Acht steht für die Endziffer des Debütjahres des damals kleinsten Mercedes-Benz. Der Nachfolger der »kleinen Flosse« markiert einmal mehr den Einstieg in den in jener Zeit als »Auto-Olymp« empfundenen »Sternenhimmel«. Ohne Schnörkel ist auch die Formgebung des Modells, auf das Kunden — und das ist damals ebenso selbstverständlich — viele Monate warten müssen. Vom »/8«, der hausintern unter der Baureihen-Nomenklatur W114/W115 verzeichnet wird, entstehen fast zwei Millionen Exemplare, die sich nicht nur bei Unternehmern, Geschäftsleuten und Handwerkern großer Beliebtheit erfreuen, sondern auch zum Inbegriff des Taxis werden. In Deutschland anfangs noch schwarz, ab 1971 dann im bis 2003 vorgeschriebenen Farbton RAL 1015 »Hellelfenbein« lackiert, fahren sie durch die Städte der westdeutschen Republik. Das Taxigewerbe setzt auf die wirtschaftlichen Selbstzünder, laut nagelnde Vorkammer-Diesel, die beim ersten Anlassen noch eine Gedenkminute zum Vorglühen benötigen. Dies geschieht über einen unterhalb des Lenkrads angebrachten Zugschalter. Mithilfe eines Glühfadens hinter dem Pfefferstreuer lässt sich eine dahinter erglimmende Glut erkennen. Die rote Glut ist das Signal zum Start des Diesels, der als 200D, 220D und 240D vom Band läuft. Deren Leistungsspektrum reicht von 55 über 60 bis zu 65 PS. Der 80 PS starke 240D 3.0 erscheint dann Ende 1974, ehe der Strich-Acht von seinem 1976 präsentierten Nachfolger der Baureihe W123 abgelöst wird.

Die »Motor-Droschken-Kutscher«, wie die Taxler ehemals mitunter bezeichnet werden, wissen die Robustheit des Mercedes zu schätzen. So verwundert es kaum, dass 1971 nicht weniger als 68 Prozent aller bundesdeutschen Taxen von Mercedes-Benz stammen. Das Werk wiederum nimmt sich mit speziellen Ausstattungsdetails — wie besonders langlebigen Polstern, Bauraum-Vorbereitungen und speziellen Kabelbäumen für die Montage von Beleuchtung, Funk und Taxameter — der über Jahrzehnte sehr treuen Klientel an. Die Robustheit der optisch schlichten, zurückhaltenden Konstruktion beschert dem Viertürer ein über die Maßen langes Leben beziehungsweise weitere Leben nach dem Dienst im Heimatland. Zahllose Strich-Acht finden den Weg in aller Herren Dritt-Welt-Länder, wo sie mitunter bis heute fahren. Im Mercedes-Museum steht ein Beweis der Standfestigkeit dieser Baureihe: Mit 4,6 Millionen Kilometern auf dem Tacho ist dieses Exemplar der Weltmeister unter den Langstreckenfahrzeugen.

Neben den Selbstzündern mit eher phlegmatischem Temperament bevorzugt die Zielgruppe der Firmenwagenfahrer die Modelle mit Otto-Triebwerken. Ihre Bandbreite reicht ebenfalls von zwei bis zu drei Liter Hubraum. Die leistungsstärkeren Modelle 250 und 280 versieht Mercedes-Benz mit einer Gemischaufbereitung mittels Benzineinspritzung — anstelle der Vergaser-Varianten. Das »E« als Appendix hinter der die Motorengröße verratenden Ziffer wird fix zur Statusinsignie. Und auf lange Sicht wird sie sogar zu einer neuen Klassenbezeichnung unterhalb der seit den 60er-Jahren etablierten S-Klasse.

Mercedes-Benz 230/8 (Maxichamps)
Münchaurach

#Eine Frage der Perspektive

»Wenn man in einem Bentley fahren gelernt hat, tritt der Wunsch nach einem Rolls-Royce etwas in den Hintergrund.«

Louis Malle, französischer Regisseur

1919 gründet W. O. Bentley sein gleichnamiges Unternehmen und macht sich schnell durch seine hochklassigen und in Le Mans erfolgreichen Automobile einen Namen. Wirtschaftlich indes nicht durchweg von Erfolg gekrönt. So stützt Woolf Barnato die Marke ab Mitte der 20er-Jahre. Doch schon 1931 macht es die neuerliche Schieflage notwendig, dass Bentley von der ebenfalls wohlklingenden Marke übernommen wird, die 1904 von Charles Rolls und Frederick Henry Royce gegründet wurde. Rolls-Royce erfährt zuvor Weltruhm dank der Laufruhe, dem Fahrkomfort und der erlesenen Klientel – auch Königshäuser und Maharadschas gehören dazu – des Modells Silver Ghost.

Rolls-Royce Corniche Coupé (Neo)

Jahrzehntelang entstehen im britischen Crewe weitestgehend baugleiche Modelle unter den Namen der beiden Marken, ehe der Volkswagen-Konzern 1998 das Unternehmen und die Produktionsstätten erwirbt. Voraus geht eine Bieterschlacht zwischen Volkswagen und BMW. Allerdings übersehen die höher bietenden Niedersachsen im Kaufprozess, dass die Namensrechte von Rolls-Royce nicht Teil des Vertragswerks sind. So kommt es, dass BMW die Namensrechte von Rolls-Royce erwirbt und im britischen Goodwood eine Fertigungsstätte für die neuen Rolls-Royce entstehen lässt, wo seit 2003 die neuen Modelle im unverwechselbar extravaganten Stil entstehen. Mit dem Bentley Continental GT gelingt Volkswagen ein Erfolg und sowohl Bentley als auch Rolls-Royce erreichen Verkaufszahlen, wie sie die beiden Marken bis dahin nicht gekannt haben. In Sachen Exklusivität und Luxus wandeln sie auf dem sicheren Pfad der Tradition. In Sachen Engineering bestechen sie mit zuvor nie da gewesener Perfektion.

Rolls-Royce Phantom Convertible (Kyosho), Bentley Continental T Coupé (Minichamps), Bentley Continental T, Bentley Continental GT (Minichamps)

#Bond, James Bond

Schnelle Autos, schöne Frauen, exotische Orte und spektakuläre Aufträge gegen skrupellose Schurken — das ist die Welt von James Bond. Seit 1953, dem Jahr, als der erste Roman der bis heute vielfach verfilmten Serie aus der Feder von Ian Fleming erscheint. Eigentlich fährt James Bond einen Bentley. Einen offenen Viereinhalb-Liter-Bentley mit Kompressor, wie ihn der britische Detektiv John Steed (gespielt von Patrick Macnee) in der Krimi- und Actionserie *Mit Schirm, Charme und Melone (im Original: The Avengers)* fährt. So zumindest sieht es der durchaus autoverliebte Bond-Erfinder Ian Fleming in seinem Roman Casino Royale vor. Erst danach erhält die Romanhauptfigur einen Aston Martin DB3 zugeschrieben. Fleming stirbt 1964 im Alter von 56 Jahren an Krebs und erlebt noch die Entstehung der drei ersten Kinofilme *(Dr. No,* 1962, *Liebesgrüße aus Moskau,* 1963, und *Goldfinger,* 1964). Hauptdarsteller Sean Connery lenkt in den Streifen einen Aston Martin DB5 — das seinerzeit aktuelle Modell. Das heißt, der erste Film kommt sogar ohne offiziellen Dienstwagen aus; Bond flüchtet in Jamaika am Steuer eines Sunbeam Alpine, ein britischer Roadster mit bulligem V8-Triebwerk. Aston Martin bleibt bis heute der bevorzugte Fahrzeugausstatter des MI6, des britischen Geheimdienstes mit königlichem Auftrag beziehungsweise dem Auftrag für königliche Unterhaltung eines weltweiten Kino- und Fernsehpublikums. In den Pioniertagen der großen actiongeladenen Kinoproduktionen ist noch keine Spur vom heute professionalisierten Product-Placement. Dementsprechend obliegt es den Filmproduktionsgesellschaften, sich um die passenden Requisiten zu kümmern.

Über die Jahrzehnte spielt der längst klassische DB5 immer wieder eine prägnante Rolle. Doch es kommt eine Reihe von weiteren, jeweils zeitlich aktuellen Modellen zum Einsatz. Aber es gibt auch Phasen, in denen Bond fremdgeht: In den 70er-Jahren *(Der Spion, der mich liebte/The Spy Who Loved Me* und *In tödlicher Mission/For Your Eyes Only)* hält man den Lotus Esprit für das passende Fahrzeug von 007, der in jener Zeit von Roger Moore gemimt wird. Und als Pierce Brosnan Ende der 90er- und Anfang der 2000er-Jahre in die Rolle des James Bond schlüpft, kauft sich BMW die werbewirksame automobile Hauptrolle. BMW Z3, Z8 und 750i fehlt aber deutlich der Sexappeal eines Aston Martin. Wie auch im Falle BMW beruht die Wahl des 1975 vorgestellten Lotus Esprit auf dem geschickten Tun der Marketing- und Kommunikationsleute.

Der damalige PR-Mann von Lotus bekommt seinerzeit Wind von den neuerlichen Dreharbeiten in den Londoner Pinewood-Studios und kann den Bond-Produzenten Broccoli für den neuen Mittelmotorsportwagen begeistern. Beim Publikum kommen die vierzylindrigen Flundern indes nicht ganz so gut an.

Eine Gemeinsamkeit aller offiziellen Bond-Dienstwagen ist eine Reihe von speziellen Gadgets, ob Schleudersitz, Panzerung, Autotelefon, Wechselkennzeichen, Maschinengewehre, Raketenwerfer, Nebelmaschinen, Navigationsgeräte, Fernbedienungen, Schwimmfähigkeit oder eine Camouflage-Funktion, die das Auto für Außenstehende unsichtbar macht.

Aston Martin DBS (Minichamps), Aston Martin DB6 (Universal Hobbies), Lotus Esprit (Universal Hobbies), Lotus Esprit Turbo (Universal Hobbies)

#Gut Holz

Die Gegebenheiten der Karosseriebau-Fertigung machen es noch bis in die 50er-Jahre hinein notwendig, dass beispielsweise Kombis bevorzugt in Mischbauweise entstehen. Das bedeutet, während die Front des Autos bereits aus miteinander verschweißtem Stahlblech besteht, ist das rückwärtige Karosserieabteil aus einem Holzgerüst gefertigt. Gleich einem Fachwerkhaus bilden robuste Balken das Gerüst, in das Fenster, verkleidende Holzteile und blecherne Kotflügel eingefügt werden. Bei DKW, einer der zur 1932 gegründeten Auto Union gehörenden Marken, die Mitte der 60er-Jahre den Grundstock für die Ingolstädter Geschichte von Audi legt, hört die praktische Nutzvariante des Modells F89 »Meisterklasse« auf den Zusatz Universal. Bis 1952 ist die Heckpartie des Kombis mit der horizontal geteilten Heckklappe in ebenjener Bauweise ausgeführt, ehe dann ab 1953 — einhergehend mit größeren Stückzahlen — auch die Seitenteile und die darunter liegende Karosseriestruktur aus Stahlblech gefertigt werden. Und so verschwindet das sichtbare Holz rasch aus dem Straßenbild, bis sich die Amerikaner daran erinnern und es zum Schmuckelement erklären. Ende der 50er-Jahre fangen erste Hersteller mit hölzernem Zierrat an, der sich bis in die späten 80er-Jahre hinein zu schlichten Klebefolien in Holzoptik entwickelt — mal etwas mehr, mal etwas weniger gelungen. Die vornehmlich auf Kombis und SUV geklebten Holzimitate werden so zu Artverwandten des Vinylbezugs, der zahlreiche Limousinen- und Coupé-Dächer vornehmlich von US-Modellen ziert. Beide Moden schwappen über die US-stämmigen Marken Ford und Opel auch auf den europäischen Markt. Deren Verbreitung indes bleibt homöopathisch dosiert.

DKW Meisterklasse Universal 89 S (Neo)

Ford Edsel Bermuda (Minichamps)

Buick Sport Wagon '67 (WhiteBox)
Detroit

#Wankelmutig

Die Idee, Energie aus einer kreisförmigen Bewegung zu gewinnen, ist uralt: Bereits im 16. Jahrhundert befördern erste Wasserpumpen das kostbare Nass derart aus dem Boden ans Tageslicht. Doch für die automobile Fortbewegung braucht es bis 1933, als Felix Wankel den Verbrennungsmotor mit Rotationskolben patentieren lässt. Sämtliche Verbrennungsmotoren zuvor orientieren sich an der von James Watt erfundenen Hubkolben-Dampfmaschine. Gleich ob Otto oder Diesel und weitere — das Arbeitsprinzip des sich auf und ab bewegenden, an einer Kurbelwelle verankerten Hubkolbens ist die dominierende Bauart für verbrennungsmotorische Antriebsstränge. Bis heute.
Doch auch der Wankelmotor findet seinen Weg ins Automobil. Er führt über das Motorrad: 1957 bringt NSU das erste Zweirad mit Kreiskolbenmotor. Drei Jahre später folgen zwei Autoprototypen, verpackt in die Karosserien eines NSU Prinz beziehungsweise Sport Prinz. Der Vorteil des Rotationskolbenaggregats liegt in der vergleichsweise üppigen Leistungsausbeute bei kompakten Abmessungen. Sein Nachteil im Durst und lange Zeit im konstruktions- beziehungsweise materialwahlbedingten Verschleiß. 1963 zeigt NSU dann mit dem Wankel Spider ein erstes Serienfahrzeug, das zwischen 1964 und 1967 insgesamt 2.375-mal produziert wird. 1967 erscheint dann der heute noch avantgardistische NSU Ro 80. Seine glattflächige, keilförmige Karosserie — ist ebenso ansehnlich wie zeitlos. Eine Oberklasse-Limousine für Nonkonformisten und Schöngeister, Schaffenskräftige und Leidenschaftler. Aber auch für Autofahrer mit Leidenskraft: Immer wieder bereiten die Dichtleisten des Kolbens Kompressionsprobleme. Auch die montierten Drehmomentwandler erweisen sich bei den extrem hoch drehenden Wankelmotoren als nicht drehzahlfest genug. Hohe Verbräuche und zahlreiche Motorschäden sind die Folge, die zu dem landläufigen Gerücht führen, dass sich begegnende Ro-80-Fahrer mit so viel ausgestreckten Fingern grüßen, wie Austauschaggregate benötigt wurden … Zehn Jahre läuft der Ro 80 vom Band. Bis 1977 entstehen gut 37.000 Fahrzeuge. Am Ende ist die ehemals stolze Motorrad- und Automarke Teil von Audi, das Werk in Neckarsulm eine weitere der Audi-Produktionsstätten, und der von NSU entwickelte K 70 wird zum VW K 70, dem ersten wassergekühlten Modell der Wolfsburger. Aber das ist eine andere Geschichte. Neben NSU nimmt sich auch Citroën des Wankelmotors an und bringt 1969 ein auf 300 Stück limitiertes Modell mit der Bezeichnung M35 auf den Markt. Und Mercedes-Benz zeigt mit den C111, was sich aus einem Wankelantrieb herauskitzeln lässt. Während im Ro 80 ein Zweischeibenaggregat 85 kW (115 PS) erzeugt, liefert der Vierscheibenmotor des C111 II 257 kW (350 PS). Konsequent hingegen sind die Japaner. Mazda bringt mit dem 110 S Cosmo Sport im Premierenjahr des Ro 80 — das erste japanische Serienfahrzeug mit Kreiskolbenmotor auf den Markt. Und Mazda hält diesem Antrieb die Treue: Der Antrieb ist Herzstück der verschiedenen Generationen des Japan-Sportlers RX-7 sowie seines Nachfolgers RX-8. 2006 schlägt dann aber auch für dieses Modell die letzte Stunde — die immer schärfer werdenden Emissionsvorgaben beenden die Karriere des Wankelmotors.

NSU Wankel Spider (Minichamps), NSU Ro 80 (Minichamps),
Mazda 110 S Cosmo Speed (TSM Models), Mercedes-Benz C111 II (DeAgostini)

#Mit spitzem Stift und gekonntem Strich

Im 20. Jahrhundert wird das Automobil zum festen Bestandteil des Alltags, und dementsprechend findet es auch seinen Weg in Comics, die in Bildern erzählten Geschichten und Romane mit mehr oder weniger fantasievollen Figuren und Welten. Oftmals sind die Autos in diesen Büchern genauso frei erfunden wie ihre Protagonisten, doch es gibt auch Comics, die eine reale Welt nachzeichnen – wie beispielsweise die Geschichten rund um den Rennfahrer Michel Vaillant und die Automarke seiner Familie, Vaillante. Und dann gibt es auch Geschichten mit Fantasiegestalten, die aber in realen Umfeldern spielen. Dafür sind die Abenteuer von Spirou & Fantasio ein Beispiel. Natürlich nehmen die Comickünstler Techniktrends mit auf, lassen immer wieder ihre Fantasie spielen und schauen – auch automobiltechnisch – immer ein wenig voraus. Kunststück, denn während Automobilhersteller neue Fahrzeuge, Technologien und Konzepte nicht nur entwerfen, sondern auch entwickeln und produzieren müssen, geht den Zeichnern ein gekonnter Strich der mitunter futuristischen Ideen leicht von der Hand. Und wie manche Romanfigur auch, profitiert so manch gezeichnetes Gefährt von seiner Überzeichnung – wie beispielsweise die Luxuslimousine Quick Hyper-Super, die zum Hauptdarsteller bei Spirou & Fantasio avanciert. Seine Linienführung entspringt einer Reihe von Vorbildern aus der realen Welt. Genauso verfahren die Gestalter der erfolgreichen Disney-Animationsfilme aus der Reihe *Cars* um den automobilen Hauptdarsteller Lightning McQueen.

Und manchmal schaffen Comicfantasien auch den Sprung in die Realität, beispielsweise im Fall von Michel Vaillant: In Langstreckenrennen gehen immer wieder Autos im Namen und mit den Logos der 1957 vom Franko-Belgier Jean Graton geschaffenen Comicreihe an den Start – wie das Rebellion-LMP2-Team in Le Mans und der Langstrecken-Weltmeisterschaft, das mit den Söhnen und Neffen von Prost, Paquet und Senna als Fahrern auch namentlich ein Zeichen setzt.

Lightning McQueen (Mattel)
Santa Cruz

Nash Airflyte (Atlas Collection)
Cassis, Cote d'Azur

#Bayerisches Gipfeltreffen

»Herrlich«, sagt Prinz Leopold von Bayern spontan. »Haben Sie mich kommen gehört?« Zügig schwänzelt der ehemalige Rennfahrer mit seinem BMW die winkeligen Serpentinen der Rossfeldstraße herauf. Mit sichtlich großem Vergnügen. »Hier bin ich früher Bergrennen gefahren. Bergrennen waren günstiger als die Starts auf der Rundstrecke, die ich mir erst später leisten konnte.« 30 Jahre liegt mittlerweile die Rundstreckenpremiere Seiner Königlichen Hoheit zurück — ebenso lange wie die Premiere der *Auto Zeitung.*

Damals rollte der 1600-2 (ab 1971 als 1602) seit gut zwei Jahren auf den Straßen. Damit boten die Bayern einen populären Konkurrenten zur Alfa Romeo Giulia, die bislang die Klasse gut motorisierter familientauglicher Limousinen beherrschte. Für BMW war der agile Zweitürer der Durchbruch. Er sicherte den Bayerischen Motoren Werken die finanzielle Unabhängigkeit und bescherte der Marke ihr bis heute währendes dynamisches Image.

Der Urururenkel des bayerischen Königs Ludwig I. betrachtet die kompakten BMW von heute und einst mit glänzenden Augen. »Der 1602 war damals ein tolles Auto. Sowohl von der Form als auch von den Fahrleistungen her. Er hatte ein sportliches Fahrwerk und ließ sich gut fahren«, erinnert sich der Bayern-Prinz. »Als ich damals den Wagen fuhr, dachte ich: ›Was sollen die Autobauer daran noch verbessern …‹« Der aktuelle BMW 316i dokumentiert eindrucksvoll die riesigen Fortschritte im Automobilbau: »Es ist schon faszinierend, wenn man heute die Perfektion der elektronischen Bauelemente und den Sicherheitsstandard, wie beispielsweise das Airbag-System im 3er, betrachtet«, sagt von Bayern.

Poldi, so der Spitzname des eiligen Prinzen, erlernte den Beruf des Kaufmanns. Tätig war er bis zum vergangenen Jahr (1998) indes als Rennfahrer. Prinz Leopold war bereits mit Fahrzeugen aller Rennsport-Kategorien unterwegs, fuhr Rennen in Formel-Boliden, Sport- und Tourenwagen. »Nur in der Formel 1 war ich nicht am Start.«

Den Traum, einen Formel-1-Renner zu steuern, erfüllte ihm allerdings vor wenigen Wochen ein F1-Sammler aus dem Allgäu. Die Augen des vierfachen Familienvaters glänzen noch heute, wenn er an die schnellen Nürburgring-Runden im Ex-Alesi-Ferrari denkt.

Ab der kommenden Saison wird der Ex-Rennfahrer jedoch regelmäßig im F1-Fahrerlager auftauchen: als BMW-Repräsentant. In seiner Begleitung schnuppern schon seit Jahren adelige Häupter Rennluft: Kein Kunststück, denn von Bayern ist Pate der Kinder von Königin Sylvia und König Carl Gustav von Schweden, mit Fürst Rainier von Monaco per Du, und auch Fürstin Gloria von Thurn und Taxis lässt sich gern vom Prinzen mit Insider-Informationen versorgen. Die gibt »Seine Königliche Hoheit« — so die korrekte Anrede — gern an jedermann. Und mit der standesgerechten Anrede nimmt Poldi es nicht so genau.

BMW 1602 (Minichamps)
Erlangen

Auch wenn der Prinz heute beruflich eher mit aktuellen Fahrzeugen wie dem 316i zu tun hat, bereitet ihm der 1602 Spaß. Poldi nimmt Platz, ergreift das große, spindeldürre Bakelit-Lenkrad und rutscht mit dem Rücken von links nach rechts: »Damals gab es noch keine ergonomisch perfekten Sitze. Die aus dem 1602 passen doch beinahe genauso gut ins Wohnzimmer. Für meinen Rennwagen«, erinnert sich Prinz Leopold, »haben wir damals einen Schalensitz gebastelt. Damit waren wir die Ersten. Doch leider war der Sitz aus Styropor. Er sah toll aus und passte perfekt, doch als ich am Start die Kupplung kommen ließ, brach die Lehne mit einem lauten Knacks, und ich klammerte mich haltlos hinterm Steuer fest.«

Heute sind die Sitze im 316i wesentlich stabiler und bieten eine bessere Seitenführung. Sie sind vielfach einstellbar und eines der Details, die das Autofahren heute sicherer machen. Natürlich gehören die großflächigen, in das Fahrzeug harmonisch integrierten Stoßfänger auch dazu: Sie stecken kleine Rempler ohne Blessuren weg. »Früher waren die Stoßstangen das Erste, was wir, nach den Radkappen, vom Auto entfernten — die waren uns zu unsportlich. Danach haben wir uns dann um den Auspuff gekümmert. Und dem Benzin haben wir einen Schuss Rizinusöl zugefügt. Das machte das Auto zwar keinen Deut schneller, doch es roch dann wie ein reinrassiger Rennwagen.«

Aus dem Hobby wurde bald eine ernsthafte Beschäftigung: Den Bergrennen im Mini Cooper folgten schnell Rundstreckeneinsätze und die erste Beschäftigung als Werkspilot — bei British Leyland. Noch zu Zeiten der Deutschen Rennsport-Meisterschaft (DRM) kam der Prinz von Bayern zu BMW. Der breitbackige Gruppe-5-BMW 320 Turbo ist ihm heute noch im Gedächtnis. Anfang der 80er-Jahre bestritt der Prinz seine Einsätze mit dem Mittelmotorsportwagen M1. Dreher waren unvermeidlich, und Hans-Joachim Stuck erfand den bis heute oft strapazierten Spitznamen »Prinz Drehopold«. Danach ging Poldi in der DTM, in Japan und der STW an den Start.

Fasziniert hat den Bayern stets die Technik: »Das habe ich wohl von meinem Urgroßonkel geerbt.« Schließlich ließ Ludwig II. Schloss Schwanstein elektrifizieren, die erste Zentralheizung konstruieren und hatte seine Freude an einem turbogetriebenen Grill sowie dem sich selbst deckenden Tisch. Prinz Leopold von Bayern hat seine Freude an dem gepflegten Youngtimer aus dem Fundus der mobilen Tradition. Er zieht an der Handbremse und lässt sie einrasten: »Wenn sie siebenmal klackt und noch nicht fest ist, muss sie nachgestellt werden …« Beim 316i ist das noch nicht nötig.

Jörg Walz in *Auto Zeitung* 18/1999

BMW 316i (E46) (Schuco)
Pottenstein

#Offene Träume

Im Mittelpunkt des Publikumsinteresses auf dem Turiner Salon 1966 stehen gleich drei offene Fiat. Nur ein Jahr nach der Vorstellung des kleinen, von Bertone gestylten 850 Spider stellt Fiat ihm die größeren, von Pininfarina eingekleideten Modelle 124 Spider Sport und Dino Spider zur Seite. Bei allen Modellen dienen ihre Namensvetter als Organspender. Während für die kleineren Modelle die Aggregate aus den Baureihen 850 und 124 stammen, bedient sich der Dino des von Ferrari kommenden, für die Dino-Modelle gedachten Triebwerks. Der Fiat Dino Spider entsteht aus Ferraris Not, mit einem eigenen Sportwagen nicht genügend Modelle für eine motorsporttaugliche Homologation produzieren zu können. So wird das bei Ferrari entwickelte Dino-Aggregat kurzerhand in die Fiat-Dino-Modelle Coupé und Spider verpflanzt, um so mit dem Dino 206 GT eine ausreichende Anzahl von Maschinen für die Erlaubnis zum geplanten Formel-2-Einsatz des Motors herstellen – und absetzen – zu können.

Im Grunde seines Herzens ist der Fiat Dino ein Ferrari. Wie die meisten Ferrari und auch die Fiat 124 und Alfa Spider entsteht die Karosserie des Dino Spider bei Pininfarina. Pininfarina liefert die fertigen Karosserien zu Ferrari nach Maranello, wo sie mit den mechanischen Teilen wie Motor, Getriebe, Hinterachse, Bremse, Aufhängung etc. versehen werden. Vertrieben wird das 200 km/h schnelle Prestigeobjekt über die Fiat-Händlerschaft, die ihre Brötchen in erster Linie mit kleinen Autos verdient. Das sorgt mitunter für Probleme und unzufriedene Kunden.

Der Fiat Dino Spider 2000 wird bis 1968 angeboten, ehe er seinem hubbaumstärkeren, doch äußerlich fast identischen Nachfolger, dem Dino Spider 2400, Platz macht, den man bis zum Energiekrisenjahr 1973 herstellt. Insgesamt entstehen 1.583 dieser offenen Fiat mit Ferrari-Herz.

So grundverschieden die drei Charakterdarsteller von 1966 auch sind, allen gemein ist die Faszination, die sie auf ihre Betrachter ausüben – damals wie heute.

Fiat Dino Spider (Minichamps)

Jörg Walz in *Volante* 01/1996

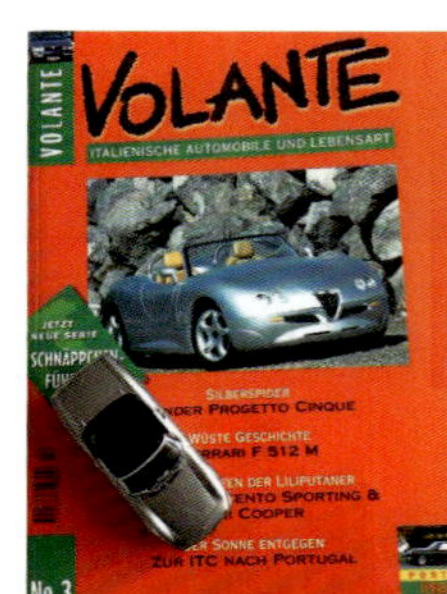

Fiat 850 Spider (Altaya)
Puerto Galera, Philippinen

#Formidabler Hochsitz

Euer Majestät, der Range Rover, macht den Anfang. Zumindest in Europa. Unter seiner repräsentativen Karosse verbergen sich die Gene, mit denen sein Urahn, der Land Rover, jahrzehntelang weltweit unwegsame Terrains und Gelände erschlossen hat. »Der Range« ist wie geschaffen für Jäger und Jagdgesellschaften.

Allradgetrieben fährt und wühlt er sich durch den Wald, gleich wie arg Regen oder Frost die weichen Wege in Mitleidenschaft gezogen haben. Und ausreichend Stauraum für Mitfahrer, Gepäck und erlegtes Wild bietet er obendrein. So wie auch die bärtige Kraft, Pferde-, Boots- und sonstiger Anhänger zu ziehen. Und auch den passenden Chic für Wintersportorte bietet der ehemals unter British-Leyland-Ägide entstandene Urgroßvater heutiger SUV und Edelgeländewagen. Ein geschmeidiger V8 unter der Haube und plüschiges Gestühl in der erhaben über dem Gros der Pkw-Gesellschaft positionierten Kabine.

Ebenfalls gegen Ende der 70er-Jahre entsteht in Frankreich ein Fahrzeug, das als Blaupause der heute über die Maßen beliebten SUV dienen wird. Doch das wissen die Macher im Hause Simca noch gar nicht. Sie überlegen, wie sich das mittlerweile zehn Jahre alte und daher betagte Modell 1100 auffrischen lässt. Der kompakte Fronttriebler mit großer Heckklappe dient als Vorbild für die Mitte der 70er als »Golf-Klasse« bezeichnete Autospezies. Aus ihm kommt der etwas müde und gern im Ventiltrieb klappernde Vierzylinder. Neu ist der rückwärtige Aufbau. Hell und licht gestaltet, bei Matra aus Kunststoff gefertigt, schafft er einen überaus geräumigen Innenraum, der Platz für bis zu sieben Personen bietet. Außen verleihen Kunststoffanbauten, Zusatz- und Suchscheinwerfer sowie eine optionale Seilwinde an der Frontstoßstange dem Fronttriebler die Optik eines Geländewagens und damit einen Hauch von Abenteuer. Sitzposition und die Aura des für alle Fälle gerüsteten Wegbereiters sind denn auch die Erfolgsinsignien des neuen, ab den 2000er-Jahren boomenden SUV-Segments. SUV steht für Sport Utility Vehicle und fühlt sich auch für ältere Eigner mit »Rücken« besser, fescher und erhabener an als die Wahl eines MPV (Multi Purpose Vehicle), sprich Van, der als »Pampers-Bomber« weit entfernt davon ist, seinen Besitzern die Aura von Freiheit, Abenteuer und Unabhängigkeit zu suggerieren.

Ende 2017 bietet die Zeitschrift Auto Bild eine Übersicht und Kaufberatung von nicht weniger als 100 SUV. Die Bandbreite reicht von den Oberklassemodellen, die das Segment erschließen, bis hin zu den jüngeren Vertretern dieser Spezies in kleineren Segmenten, die es demokratisieren und für riesige Stückzahlen sorgen. »Der Range« übrigens erfreut sich auch heute noch großer Beliebtheit. 1981 — reichlich spät — erhält der bis 1995 in seiner Urform produzierte »Range« vier Türen. Die nächste Generation entsteht erst nach dem Niedergang von British Leyland und der klassischen britischen Autoindustrie, als sich Rover im Besitz von BMW befindet. 1994 wird die zweite Serie des

Range Rover (Triple9), Matra Simca Rancho (Norev),
BMW X3 (Minichamps), BMW X5 (Minichamps)

Range Rover präsentiert, die 2002 durch eine weitere Nachfolgergeneration ersetzt wird. Mittlerweile befindet sich die Marke im Besitz von Ford. Und damit sind es noch nicht genug Eignerwechsel. 2008 geht Land Rover in die Hände des indischen Tata-Konzerns und blüht — Seite an Seite mit Jaguar — wieder richtig auf.

1999 macht der X5 den Anfang der luxuriösen SUV, viele folgen. Wie so oft wird ein neues Segment von oben erschlossen. Dementsprechend reicht BMW den mittelklassigen X3 nach und kurz darauf seinen kleinsten Bruder, den X1. Der verfügt sogar — wahlweise — noch nicht einmal mehr über Allradantrieb. Bei Volkswagen, Porsche und Audi sieht es genauso aus. Dahinter steckt der Mechanismus, dass sich mit den teureren Oberklassemodellen trotz geringerer Stückzahlen höhere Deckungsbeiträge erwirtschaften lassen. Volkswagen erschließt sich das SUV-Segment mit dem Touareg, dem die Entwickler profunde Offroadqualitäten anerzogen haben. Expeditionen und Abenteuer in den Weiten und Wildnissen der Welt sind ihm das richtige Terrain für den Beweis seiner Geländetauglichkeit. Und dank des zeitgleich vorgestellten Luxusklasse-Phaeton gelingt Volkswagen auch eine selbstbewusste Preissetzung. Rund 60.000 € ist den Touareg-Kunden ihr Fahrzeug Anfang der 2000er-Jahre wert. Der Grundpreis beginnt bei rund 40.000 €. Preislich leicht darüber rangiert der Porsche Cayenne, Porsches dritte Baureihe nach 911 und Boxster. Mit ihr erschließt sich die Marke China, Russland und das Segment von Geschäftskunden und Familien, die für ihr Fahrzeug zwingend mindestens vier Türen benötigen. Im Gelände sieht man den Cayenne eher selten, aber zum Beispiel bei der Rallye Transsyberia. Ein Sondermodell erinnert an die Erfolge bei dieser vertriebsfördernden Veranstaltung, die von den Strapazen einer Rallye Dakar indes weit entfernt bleibt. Der Cayenne ist der Zwillingsbruder des technisch baugleichen Touareg. Und mit dem Audi Q7 erhalten die Zwillinge dann mit Zeitverzug noch einen Bruder mit identischen Genen, aber bis zu drei Sitzreihen im Interieur — schließlich gelten die großen VW und Porsche in den USA als noch zu klein. Den großen Modellen stellt VW dann den Tiguan, Porsche den Macan und Audi die Modelle Q5 und Q3 zur Seite. Und mit weiteren Modellen wie Q2 oder VW T-Roc werden die Autobauer der steigenden SUV-Nachfrage gerecht. Praktisch als Lückenfüller fungieren Modelle wie Q2 und T-Roc. Sie ergänzen die engmaschig gestrickte Modellpalette der Marken. Entgegen den eher im Geist eines geländetauglichen Fahrzeugs entstandenen Geschwistern — wie Audi Q5 und Tiguan, dem Beispiel des klassischen Range Rover folgend — sind beide Derivate von VW Golf und Audi A3, mit etwas mehr Bodenfreiheit und deutlich mehr Geländewagenoptik sind sie moderne Nachfolger des Matra Simca Rancho.

Den Impuls dafür gibt Mercedes-Benz mit der in Geländewagenoptik daherkommenden A-Klasse alias GLA. Darüber rangieren eine Reihe von Mercedes-SUV verschiedener Klassen und Zuschnitte — eher Nutzwert- oder Coupé-orientiert. Und darüber das G-Modell, der Klassiker aller Geländewagen schlechthin (vom Land Rover einmal abgesehen). Wie der Defender, der klassische Land Rover, feiert er ein jahrzehntelanges Leben. Die Bandbreite des G-Modells reicht vom nackten Nutzfahrzeug für Förster und Jäger über rustikale Militärvarianten bis hin zum überaus üppig motorisierten und verschwenderisch ausgestatteten Luxus-Gadget für die nobelsten Orte der Welt.

Bentley Bentayga (Kyosho), Volkswagen Touareg (MR Models),
Audi Q5 (Schuco), Porsche Cayenne (Minichamps),

#Schimpf und Schande

»Das Auto ist erfunden worden, um den Freiheitsspielraum des Menschen zu vergrößern, aber nicht, um den Menschen zum Wahnsinn zu treiben.«

Enzo Ferrari

1971 verleiht der ADAC erstmals den unrühmlichen Preis »Silberne Zitrone« für Pannenkönige. Die Premierenauszeichnung geht an den Ford Taunus 1600 XL.

Im Volksmund heißt es ob der Pannenhäufigkeit des Automobils: »Nicht umsonst beginnt das Wort Auto mit Au… und endet mit …o!«
Die Sorge vor einer Panne auf großer Fahrt ist für Jahrzehnte Anreiz für das Gros der Autofahrer, Mitglied in einem Automobilclub wie dem ADAC zu werden. Die als »Gelben Engel« titulierten Pannenhelfer wissen die zum ungewollten Stillstand gekommene Fuhre oftmals wieder in Betrieb zu setzen. Und falls nicht, so kümmert sich ein Abschleppfahrer. Auf diese Weise sammelt der mitgliederstarke ADAC Daten en gros. Ab 1977 wertet er diese dann auch offiziell in einer Pannenstatistik aus.

Ab 2004 vergibt der einflussreiche ADAC dann auch im Rahmen einer feierlichen Gala und in Anwesenheit des automobilen Who's who Preise mit der Bezeichnung »Gelber Engel«. Diese sind anfangs hoch begehrt. Doch als 2014 ruchbar wird, dass die vermeintlich in Mitgliederumfragen zusammengetragenen Stimmen mitnichten auf rechtschaffene Weise ausgewertet werden, bedeutet dieser Skandal einen verheerenden Imageverlust für den ADAC und das Ende der Auszeichnung, die eben keine war.

Audi Q3 »Gelber Engel« (Schuco)

BMW Motorrad ADAC (Maisto)

Ford Taunus »Knudsen« (Maxichamps)
Zirndorf

#Die wilden 70er

Geprägt von der Aufbruchstimmung der ausgehenden 60er-Jahre und der Lust, Neues zu erschließen, erlebt auch die automobile Welt einen frischen Schwung. Neue, klare, kantige Formen, geschmückt mit knalligen Signalfarben, sind Trend. Das macht Autos sicherer, weil einfacher erkennbar, und ein Ende mit den erdigen, undefinierten Grau- und Beigetönen. Sicherer ist wichtig, weil immer mehr Autos auch zu einer weiter steigenden Zahl von Verkehrsunfallopfern führen. Und es werden nicht nur immer mehr, sondern auch immer leistungsstärkere und schnellere Fahrzeuge. Die »Super-Trumpf-Karte« im Autoquartett (einem beliebten Pausenhofzeitvertreib jener Jahre) ist oftmals der radikale Lamborghini Countach (4,0-Liter-V12 mit 375 PS, 309 km/h schnell und von null auf 100 km/h in 5,4 Sekunden). Aber auch Ferrari 365 GTB/4 BB beziehungsweise 512 Berlinetta Boxer (380 PS stark und 300 km/h schnell) und Porsche 911 Turbo (260 beziehungsweise 300 PS und in 5,3 Sekunden von null auf 100 km/h) haben das Zeug dazu. Die Sportwagenwelle – mittlerweile gibt es eine Vielzahl von flachen Flundern verschiedener Leistungs- und Preisklassen – färbt auch ab auf das »normale« Auto, das mit PS-starken Maschinen angeboten wird. BMW 2002 Turbo, Mercedes-Benz 450 SLC und Mercedes-Benz 450 SEL 6.9 lassen grüßen … So zumindest zu Beginn des Jahrzehnts.

Dann erschüttert die Energiekrise die westliche, automobil erschlossene Welt. Und mit einem Mal lautet das Motto »small is beautiful«. In den USA schrumpfen Karossen und Motoren, und auch in Europa erscheinen immer mehr Kompaktwagen auf der Bildfläche, die flugs die Herzen der Kundschaft erobern. Zu den Lieblingen gehören der Alfasud (ab 1972), der Renault R5 (ebenfalls

AMC Pacer (Neo)

Alfasud (Minichamps)

Ferrari 512 BB (Bburago), Lamborghini Countach LP 400 (Minichamps), Mercedes-Benz 350 SLC (Minichamps), Mercedes-Benz 450 SEL 6.9 (WhiteBox)

Renault R5 Alpine (GTI Models)

Audi 50 (Minichamps)

VW Passat (Minichamps)

ab 1972) sowie der VW Polo (ab 1975), und auch der VW Golf (ab 1973) zählt zu den neuen »kleinen Freunden«. Den Polo erbt Wolfsburg übrigens aus Ingolstadt, wo der kompakte Fronttriebler mit wassergekühltem 1,1-Liter-Vierzylinder bereits seit 1974 vom Band läuft. Bei Audi hat man die Zwillinge in Rekordzeit von 21 Monaten entwickelt und so auf einmal attraktive Fahrzeuge im Portfolio, die die Zeiten des Käfers endgültig vergessen lassen – zumindest in Europa. Nordamerikanische Beispiele sind neben dem deutlich geschrumpften Ford Mustang II Autos wie der AMC Pacer oder der als Dodge Omni und in Europa als Simca beziehungsweise Talbot Horizon verkaufte Hatchback, wie die Kompaktklassefahrzeuge mit Schrägheck auch bezeichnet werden.

Audi etabliert sich mit dem Audi 80 und Audi 50 im Reigen der Großen und wildert in ehemaligen Stammrevieren von Opel und Ford. Und mit den wassergekühlten Modellen Polo, Golf und Passat gelingt Wolfsburg erfolgreich die Abnabelung vom über Jahrzehnte alles dominierenden Käfer nebst seiner eher glücklosen Derivate. Auch oberhalb der Kompaktklasse sind Schrägheck und große Klappe salonfähig, wie Mittelklassemodelle von Citroën, Renault, Rover und Volkswagen beweisen. Der Leyland Princess bleibt eher wegen seiner Herkunft und Mängelfreudigkeit ein Mauerblümchen.

Mit der Alfetta (ab 1972) und der neuen Giulietta (ab 1977) stellt die Mailänder Marke zwei Limousinen mit identischer Technik, aber unterschiedlicher Positionierung in die Schaufenster. Die neuen Modelle verfügen über eine der ausgeglichenen Gewichtsverteilung zuträgliche Transaxle-Bauweise, bei der der Motor vorn, das Getriebe aber am Antrieb hinten platziert ist. Parallel bleibt die erfolgreiche 60er-Jahre-Konstruktion Giulia bis 1978 im Angebot. Was Sportwagen anbelangt, so führt in jener Zeit kaum ein Weg vorbei an Keilform und Klappscheinwerfern. Diese Mode haben die Italiener kultiviert und in verschiedene Preisklassen übertragen – vom Fiat X 1/9 über Maserati Merak bis hin zu Lamborghini Countach und Ferrari 512 BB. Selbst in Stuttgart gehören Klappscheinwerfer zwischenzeitig zum guten Ton, wie Porsche 914, 924 und 928 belegen.

Ford Mustang II (Neo), Alfa Romeo Alfetta 1.3 (Minichamps),
Fiat X1/9 (Maxichamps), Maserati Merak (Minichamps)

#Spiel(er)zeug

»Ich habe einige Autos zu Schrott gefahren und für meine Porsches und Mercedes viel Geld ausgegeben, aber für hübsche Frauen ehrlich gesagt noch viel mehr. Von den Autos wirst du nicht arm. Wir haben so viele Prozente bekommen. Da verlierst du beim Verkauf nicht viel. Ein Auto hat ja immer einen gewissen Restwert. Wenn die Frau weg ist, kriegst du nichts mehr«, erzählt Ex-National-Torwart Eike Immel, Fußball-Viezeweltmeister von 1986.

»Mit 18 habe ich einen Vertrag mit 160.000 Mark Jahresgehalt bekommen«, erinnert sich Immel an seine damalige Lage. »Ein halbes Jahr später wurde der Vertrag auf 300.000 Mark erhöht. Und auf einmal kommt das Geld aufs Konto, was machst du dann?« Ein schneller Sportwagen war mit dem Spitzenlohn in greifbare Nähe gerückt. »Porsche war mein großer Traum. Mit 19 hab ich mir einen Porsche Turbo gekauft, der damals 110.000 Mark gekostet hat«, erinnert sich der Sportler.

Die Autos der Spieler waren immer schon etwas Besonderes, gleich ob Günter Netzers Ferraris, der Bentley von Bayern-Spieler Paul Breitner oder der Porsche von Berti Vogts. Früher war mehr Lametta? … Wohl kaum, denn heute sehen die Fuhrparks der Ballkünstler deutlich extravaganter aus. Die Spitze stellen sicherlich Anschaffungen wie der Ferrari LaFerrari von Zlatan Ibrahimović oder die Bugatti Veyron von Cristiano Ronaldo, Karim Benzema und Samuel Eto'o dar. Dafür weisen die Preisschilder immerhin Anschaffungskosten von mehreren Millionen Euro aus. Aber auch Superstars müssen dafür eine Zeit lang kicken. Und das machen die Profisportler offensichtlich herzlich gern, denn die Garagen der internationalen Spitzenstars sind gut gefüllt mit exquisiten und raren Preziosen.

Porsche 911 turbo (930) (Minichamps)
Ismaning

#Rostige Angelegenheit

Eisenoxid, das ist die gefürchtete Krankheit des Autos. Sprich Rost. Dieser entsteht, wenn Eisen oder Stahl durch die gemeinsame Arbeit von Wasser und Luft korrodiert. Diese Oxidation vermindert die Festigkeit des Stahlblechs, das sich zudem aufbläht und so den ursprünglich als Schutz gedachten Lack abplatzen lässt. Unter dem rissigen Lack sowie in verborgenen Hohlräumen blüht die »braune Pest« förmlich auf, bis sie die Fahrzeuge so angenagt hat, dass umfangreiche Schweißarbeiten notwendig werden oder die Karosse kurzerhand ein gefundenes Fressen für die Schrottpresse wird.

Mit Beginn der Großserienfertigung selbsttragender Karosserien und ihrer fortwährenden Optimierung in Sachen Gewicht und Kosten gewinnt das Thema Rost beziehungsweise Korrosionsschutz zunehmend an Bedeutung. Lange messen die Fahrzeugkonstrukteure dem Thema eine nur unzureichende Bedeutung bei beziehungsweise besitzen nur rudimentäre Kenntnisse über die Vermeidung von Rost. So werden Bleche aufeinandergelegt und miteinander verbunden, ohne dass darauf geachtet wird, dass dadurch ideale Nisträume für den Rost geschaffen werden. Auch das Thema automobiltaugliche Rostschutzgrundierung ist jahrzehntelang nicht ausentwickelt. Dazu kommt die Verwendung von billigen, verunreinigten Stählen sowie Unzulänglichkeiten bei der Produktion. Legendär sind die wegen ihres hohen Kupferanteils rostanfälligen Recyclingstähle, die Fiat, Alfa Romeo und Volkswagen aus der Sowjetunion beziehen. Ein Beispiel für die Konstruktions- und Produktionsunzulänglichkeiten ist die als Schallisolierung und Korrosionsschutz gedachte Schaumfüllung, die bei Alfa Romeo in eine Serie von Alfasud-Modellen gespritzt wird. Der Wechsel zwischen warm und kalt sowie die Vibrationen im Fahrbetrieb sorgen für eine Ablösung des Schaums vom Blech und damit wiederum für ideale Nistmöglichkeiten der blechfressenden Seuche. Aber im Fall des für seine Rostfreudigkeit legendären Alfasud tun auch die Bandarbeiter ihr Übriges: Im Rahmen der Produktionszeit kommt es in Süditalien zu rund 700 Arbeitsniederlegungen — großen und kleinen. So landen immer wieder noch unlackierte Rohkarossen im Freien, weil die Bänder zum Teil weiterlaufen. Damit ist ihr Schicksal dann besiegelt.

Aber auch die Konstruktionen anderer Hersteller altern in den 60er- und 70er-Jahren im Zeitraffertempo. Es ist vollkommen normal, dass die TÜV-Prüfer mit einem Hämmerchen den Gesundheitsgrad der tragenden Blechteile prüfen und bereits nach wenigen Jahren Löcher in die kariöse Karosse stoßen. Porsche verwendet daher ab dem Modelljahr 1976 feuerverzinkte Bleche. Die neue Dauerhaltbarkeit demonstriert der Sportwagenhersteller mit einer damals sechsjährigen Garantie gegen Durchrostung. Volkswagen beispielsweise wird der »braunen Pest« mit Tauchbädern, der neu aufkommenden elektrolytischen Kathoden-Tauch-Grundierung und der verschwenderischen Verwendung von Hohlraumwachsen Herr. Schmierige Streifen auf dem Heckabschlussblech des Golf II zeugen noch Jahre später von der üppigen Wachsfüllung, die auch noch nach langer Zeit aus den Abluftöffnungen der Heckklappe trieft.

Bei Mercedes-Benz werden Tauchgrundierung und Rost noch einmal ein Thema. Als Ursache dafür entdecken die Verantwortlichen Bakterien, die sich in den Tauchbädern eingenistet haben. Sie verursachen einen schadhaften Lackaufbau und damit unzureichenden Schutz gegen den Gilb.

Alfa Romeo 2000 Sprint (Detail Cars)
Doos

#Noch ein Zenit

Im Herbst 1973 geht ein Schreck durch die Autofahrerwelt: Ausgelöst durch den Jom-Kippur-Krieg zwischen arabischen Staaten und Israel wird die Abhängigkeit Europas und Amerikas von der Rohölproduktion des arabischen Raums mehr als deutlich. Schlagartig verteuert sich der für die Mobilität bis dahin unumgängliche Rohstoff. Als Reaktion kommt es im November und Dezember 1973 zu vier autofreien Sonntagen. Ein für die sonst automobile Bevölkerung — in Deutschland kommen zu jener Zeit bereits 216 Autos auf 1.000 Einwohner — gewöhnungsbedürftiger Umstand. Heute misst die Statistik des Kraftfahrt-Bundesamtes übrigens 684 Autos pro 1.000 Einwohner.

Bis zur Energiekrise stehen die Zeichen auf üppiges Wachstum und Vollgas. Die deutschen Hersteller haben leistungsstarke Autos wie nie zuvor im Programm: Allen voran machen die auffällig bespoilerten BMW 2002 Turbo und Porsche 911 Turbo sowie der üppig motorisierte Mercedes-Benz 450 SEL 6.9.

Der Zeitpunkt ihrer Markteinführung hätte nicht unglücklicher sein können. Die Ölkrise führt zu einem Abflachen der Wachstumskurve in Sachen Automobilabsatz und zu neuen, benzinsparenden Fahrzeugen. In den USA kommt unter anderem ein neuer Ford Mustang heraus: Statt eines großvolumigem V8 arbeitet in dem mit deutlich kleinerer Karosserie versehenen 74er Modell nur noch ein 85 PS leistendes 2,3-Liter-Vierzylinder-Aggregat oder wahlweise ein 2,8-Liter-Sechszylinder mit 112 Pferdestärken.

Zurück zum BMW: Die in Spiegelschrift auf dem Frontspoiler angebrachte Modellbezeichnung des 170 PS starken 2002 Turbo beschäftigt damals sogar den Bundestag. Dementsprechend verschwindet der Schriftzug zum Serienstart. Mit gerade einmal 1.672 produzierten Fahrzeugen erweist sich der 2002 Turbo aber als Ladenhüter in der Reihe der sonst über die Maßen beliebten 02er BMW. Der 260 PS starke 911 Turbo kann sich hingegen von Beginn an einen festen Platz erarbeiten. Ihn gibt es bis heute.

Mercedes 450 SEL 6.9 (WhiteBox)

Porsche 911 turbo (930) (Minichamps)

BMW 2002 Turbo (Minichamps)
Weimar

#Tieflieger

»Ein Sportwagen ist die einzige Sitzgelegenheit, die es uns ermöglicht, von unten auf andere herabzuschauen.«

Robert Lembke, Quizmaster

Der mit einer Kunststoffkarosserie — aber ansonsten bewährter Großserien-Renault-Technik — versehene Alpine gehört mit einer Höhe von gerade einmal 112 Zentimetern zu den flachsten Straßensportwagen. Er wird zwischen 1965 und Sommer 1977 8.139-mal im französischen Dieppe produziert. Noch flacher ist der in der Höhe gerade einmal 103 Zentimeter messende Ford GT40, dessen Fahrzeughöhe — 40 inch — auch Teil seiner Typenbezeichnung wird. Beide Modelle erfreuen sich im Rallye- und Rundstreckenrenneinsatz großer Beliebtheit. Aber auch ausschließlich für den Einsatz im Straßenverkehr gedachte Sportwagen wie beispielsweise der Maserati Bora passen vorzüglich zum Bonmot des Fernseh-Quizmasters. Der Bora bringt es auf eine Höhe von 1.138 Millimetern.

Maserati Bora (Minichamps)

Alpine Berlinette A110 (Minichamps)
Trubachtal

#Mit Vollgas in die Zeit eines neuen Umweltbewusstseins

KENWOOD prangt oftmals in großen Lettern quer über die Heckscheibe. Anstelle der serienmäßigen Felgen sind häufig breitere Aluräder montiert, innen sind teure Hi-Fi-Kassetten-Radios, Verstärker und Lautsprecher verbaut, für die zuvor großformatige Löcher in Türverkleidungen und Hutablagen geschnitten werden, und auch sonst finden sich verschiedene Insignien zur Individualisierung der kompakten und gern gut motorisierten Kompaktwagen der 80er-Jahre. Den Anfang macht VW. Und das eigentlich, ohne es zu wissen, denn die Geburtsphase des 1976 vorgestellten Golf GTI findet im Verborgenen am Küchentisch einer verschworenen Feierabendrunde statt, die sich aus Ingenieuren, Marketeers und Kommunikationsmenschen zusammensetzt. Doch sie verheiraten den kompakten Fronttriebler mit der aus dem Audi 80 GTE entliehenen 1,6-Liter-Maschine und bringen anschließend das neue Modell durch die Wolfsburger Gremien und auf den Markt. Der Beginn einer bis heute währenden Erfolgsgeschichte. 110 PS sind damals eine Ansage, die dezenten und dennoch gut sichtbaren GTI-Insignien wie schwarze Kotflügelverbreiterungen, Frontspoiler und rote Umrandung mit GTI-Schriftzug im Frontgrill wecken Begehrlichkeiten und lassen jedermann erkennen: Hier kommt ein ganz schnelles Auto!

Opel antwortet unmittelbar mit dem Kadett GT/E und 115 PS. Und aus Frankreich, wo der Golf GTI vom Start weg zum meistverkauften Auto avanciert, kommt eine GTI-Version des populären 205, eines Bestsellers im attraktiven Pininfarina-Kleid. Der Drang nach mehr Leistung und das wachsende Umweltbewusstsein machen Mitte der 80er-Jahre die Vierventil-Zylinderkopf-Technologie populär. Mit dieser Art der Brennraumfüllung lässt sich mehr Leistung bei gleichzeitig geringerem Verbrauch erzielen. Der VW Golf GTI 16V mit anfangs 136 PS ist dafür ein gutes Beispiel. Anfangs deshalb, weil das Modell kurze Zeit später mit 129 PS Leistung ausgeliefert wird. Grund dafür ist die katalytische Abgasreinigung, die in der zweiten Hälfte der 80er auch in Europa obligatorisch wird. Das Waldsterben jener Zeit ist einer der Mosaiksteine, die zu einem deutlich wachsenden Umweltbewusstsein führen. Und so etablieren sich nicht nur gut motorisierte Kompaktwagen, sondern auch neue Parteien wie Die Grünen.

Peugeot 205 GTI (Minichamps), Audi 80 GTE (Minichamps), Opel Kadett D GT/E (Altaya), Honda Civic CRX (Minichamps), VW Golf II GTI 16V (Maxichamps)

#Glaubensbekenntnisse in PS

Noch in den 70er-Jahren mobilisieren die Verbrennungsmaschinen von Goggo (1955—1969; 13,6 PS), Käfer (1960—1973; 34 PS), Bambino (1960—1975; 18 PS), Ente (1970—1978; 23 PS) und all dem Gefährt, das die Straßen Europas füllt, Motorleistungen in Größenordnungen, in denen sich mitunter eine halbe Pferdestärke als nennenswert erweist. Darüber lässt sich heute — in einer Zeit, in der Mittelklassefahrzeuge stärker motorisiert sind als die Grand-Prix-Boliden jener Jahre — nur noch schmunzeln. Doch 112 (wie beim VW Golf GTI) oder 115 PS (Opel Kadett GT/E), dazwischen liegt Anfang der 80er eine Welt. Und die 136 Pferdestärken des Reihenfünfzylindermotors von Audi spielen da gar in einer ganz anderen Liga.

Der Einzug von Turboladern in den Motorraum sowie deutlich bessere Produktionstechnik im Einklang mit umfangreicher Detailarbeit an sämtlichen Komponenten des Automobils lassen die Leistungswerte nach oben schnellen. Und Errungenschaften wie das ABS (Anti-Blockier-System) und das ESP (Elektronische Stabilitäts-Programm) machen selbst extrem leistungsstarke Autos für selbst allenfalls durchschnittlich begabte Autofahrer beherrschbar. Das war früher eindeutig anders, als sich Sportwagen nur von versierten Könnern am Volant unfallfrei durch ein langes Autoleben bringen ließen.

Mit dem 2007 erscheinenden Alfa 147 GTA markieren die bissigen, an der Vorderachse zerrenden Pferde eine neue Höchstmarke für kompakte Frontantriebssportler. Doch diese Marke ist schnell egalisiert. Ein VW Golf GTI Clubsport S versteht es anno 2016, über seine angetriebenen Vorderräder 310 Pferdestärken sicher auf den Asphalt zu bringen — regelnde Elektronik in Zusammenspiel mit akribischer Abstimmungsarbeit macht es möglich.

Und waren die Leistungssprünge vor wenigen Jahrzehnten noch marginal, so sind sie heute wesentlich größer. Das Leistungsvermögen eines BMW M3 entwickelt sich beispielsweise von Generation zu Generation von anfangs 195 (E30), 286 (E36) und 343 Pferdestärken (E46) auf dann 420 (E90) und 431 PS (F80).

Überhaupt scheint der Leistungsbedarf ungezügelt. Audi liefert beispielsweise den RS6 Avant der 2010er-Generation C7 mit 560 beziehungsweise 605 PS aus. Wem das für einen Kombi mit Karosserie des Modells der gehobenen Mittelklasse noch nicht reicht, dem hilft beispielsweise der Leistungsspezialist ABT mit einem Upgrade auf 666, 700 oder gar 730 PS. Da muten die 136 Pferdestärken der leistungsstärksten GL5E-Variante des zweiten Audi 100, der End-70er-Jahre-Generation C2, geradezu niedlich an. Mit einem Vierliter-V8 verfügt der RS6 aus dem Jahr 2013 über doppelt so viel Hubraum und Zylinder wie der 1,9-Liter-Vierzylinder Audi 100. Dafür liegt der Grundpreis des aktuellen Modells oberhalb von 108.000 €, den Audi 100 GL gab es hingegen für etwas über 12.000 DM. Mit Blick auf die Kaufkraft wären das heute umgerechnet 20.000 €.

VW Golf I GTI (Norev), Alfa 147 GTA (Schuco),
BMW M3 E46 (Minichamps), Audi 100 GL (C2) (Minichamps)

#Spielzeug für Millionäre

Anfang der 80er-Jahre waren die Scheichs froh, als Lamborghini ihnen ein weiteres Spielzeug anbot, den geländegängigen LM 002. Er orientierte sich weitaus mehr am Countach als an den Traktoren des Sportwagen- und Landmaschinenherstellers. Sein robustes Äußeres sorgte bei seiner erstmaligen Präsentation des Prototyps LM 001 in Genf 1981 für großes Aufsehen. Angetrieben vom V12, der bereits im Countach seinen Dienst verrichtete, eignete sich der Lamborghini-Geländewagen vorzüglich zur in Wüstenregionen favorisierten Falknerei.

Eigentlich war die Idee Ende der 70er-Jahre entstanden, als sich Lamborghini erstmals der amerikanischen Marke Chrysler näherte. Damals entstand ein erster Prototyp namens Cheetah, der das Erscheinungsbild des LM 001, LMA und LM 002 vorwegnahm. Der Cheetah wurde für den Einsatz in der US Army entwickelt. Die Gespräche mit Chrysler endeten jedoch nicht mit dem erhofften »Jahrhundertgeschäft«, das die Produktion eines US-Army-Fahrzeugs vorsah. Die Amerikaner hatten Bedenken, sich beim Kauf eines Fahrzeugs auf einen in der italienischen Emilia-Romagna angesiedelten kleinen handwerklichen Betrieb zu verlassen. Stattdessen rollten nur wenige Jahre später die optisch nicht unähnlichen Hummer-Geländewagen in die US-Kasernen. Und Lamborghini musste sich weiter bescheiden, lediglich Spielzeuge für Millionäre zu produzieren. Der stets in kleinsten Stückzahlen produzierte LM erweist sich im Alltagsbetrieb als extrem unpraktisch. Seine Kupplung ist kaum zu bedienen. Die dafür erforderlichen Kräfte würden ausreichen, die Freiheitsstatue vom Sockel zu treten. So lässt sich der 450 PS starke und spritkonsumfreudige V12 im Gelände nur schwer im Zaum halten.

Während den Wüstensöhnen der Spritkonsum kein Kopfzerbrechen bereiten dürfte, bleibt den Großstadtnutzern des LM der Trost, nur geringe Entfernungen bei niedrigen Geschwindigkeiten zurücklegen zu müssen. Der durch die Kraftanstrengungen am Volant auftretende Schweiß lässt sich durch die voluminöse Klimaanlage trocknen. Einparken wird übrigens trotz der Lenkhilfe zum ebenfalls schweißtreibenden Unternehmen, denn für das graue, schlecht zu überblickende Wüstenmonster gibt es in unseren Städten einfach keine Parklücken.

PS: Lamborghini nennt für den LM 002 einen Verbrauch von 32 Liter Superkraftstoff auf 100 Kilometer. Doch der tatsächliche Verbrauch im »normalen Leben« und bei mittels eines schwergängigen Gaspedals abgerufenem Leistungspensum liegt noch einmal deutlich darüber. Dafür fasst der Tank aber auch beachtliche 290 Liter – ausreichend für Ausflüge in den heißen Wüstensand.

Jörg Walz in *Volante* 02/1997

Lamborghini LM 002 (Minichamps)
Herzo Base

#Miamiweiß und Flamingorot

Sonny Crockett und Ricardo Tubbs heißen die beiden *Miami Vive*-Undercover-Ermittler in Sachen Sitte und Drogen, Angestellte des öffentlichen Dienstes in der Gemeinde Miami Beach. Ihr Dienstfahrzeug? Anfangs eine Corvette mit der Optik eines Ferrari Daytona Spider. Als Ferrari wegen Verwendung der Billig-Kopie aufbegehrt, kommt ein Testarossa zum Einsatz. Das Auto passt in diese Zeit, wie auch die von Synthesizer-Klängen dominierte Musik und die Kleidung mit fetten Schulterpolstern. Die achtziger Jahre bringen Modegruppen wie Popper und Punks hervor. Weiße Autos und schwarze Autos, beides ist chic. Schwarzwaldklinik, Audi und anthrazitfarbene Mercedes, gern auch in veredelter Form mit üppig dimensionierten Rädern und in Wagenfarbe gehaltenen Karosserieanbauteilen. Zu den Widersprüchen jener Jahre gehören auch leistungsstarke Sportversionen, bis hin zu einer Reihe von Serienfahrzeugen, die eigens für die Motorsportzulassung um waschechte Homologationsfahrzeuge für Gruppe B (passend für Einsätze in der Rallye-WM) und Gruppe A (für Tourenwagenrennen, wie zur DTM) ergänzt werden. Auf der anderen Seite steht ein wachsendes Umweltbewusstsein. Die Sorge um eine atomar geführte Auseinandersetzung zwischen Russland und den USA und Ereignisse, wie die Reaktor-Katastrophe von Tschernobyl machen Schlagzeilen. Saurer Regen, als Ursache für das »German Waldsterben«, ist Treiber für umfangreiche Maßnahmen der Automobilbranche zur Aus- und Nachrüstung der Fahrzeugflotten mit abgasreinigenden Katalysatoren. Neben Höchstleistung rücken Verbrauch und Effizienz in den Mittelpunkt der Entwicklerarbeit. Und die Weiterentwicklung des IT-Know-hows ist Grundlage für den Siegeszug der Elektronik. Computer und Roboter dominieren in Fabriken und Werken. Im Auto ermöglicht die moderne Elektronik nicht nur eine noch effizientere Motorsteuerung sondern auch den Siegeszug des ABS. Das Anti-Blockier-System wird zu einem der großen Unfallvermeider und damit Lebensretter. Später kommen Airbags und ESP hinzu.

Japanische Automobile sind längst auch auf den Straßen Europas und Nordamerikas etabliert. Toyota baut ein Fundament, auf dem die »nicht ist unmöglich«-Welle des Erfolges dank gelieferter Zuverlässigkeit für gute Absatzzahlen sorgt. Neu im Straßenbild sind sogenannte Lifestylekombis, wie der Alfa 33 Sport Wagon und der stückzahlstarke 3er Touring von BMW.

Audi Sport quattro (Minichamps), Alfa 33 Sport Wagon (Kess), Porsche Gruppe B (Spark), Ferrari Testarossa (Bburago)

#Geradeaus und ohne Schnörkel

Die Inspiration für das geradlinige Design der späten siebziger und frühen achtziger Jahre stammt noch aus dem Jahrzehnt zuvor. Konzeptstudien wie Stratos, Carabo und X1/9 des automobilen Modemachers Bertone sowie weitere italienische Keile aus den Federn von Pininfarina und ItalDesign dienen als Blaupause für die exotischen Mittelmotor-Traumwagen von Maserati, Ferrari und Co. Und das färbt ab auf die automobile Stangenware, schließlich sind auch die Autohersteller immer wieder auf der Suche nach modisch aktuellem, das bei der Kundschaft den »will-haben-Reflex« auslöst. Nicht nur Sportwagen, sondern auch Coupés und Limousinen scheinen auf dem Reißbrett mit dem Lineal entworfen — und tatsächlich handelt es sich noch um eine Auto-Generation, die am Reißbrett entsteht. Doch der Computer ist auf dem Vormarsch. Rechneranlagen ziehen ein in die Produktion, aber auch in die Entwicklungs-, Konstruktions- und Designabteilungen der Autohersteller.

Möglich werden die neuen Formen aber auch durch Fortschritte in Werkzeugbau und Produktionstechnik, schließlich lassen sich mittlerweile Bleche stabilisierend falzen, kanten und knicken. Ehemals sorgten bauchige Formen für die notwendige Stabilität der einzelnen Karosseriebauteile.

Maserati Quattroporte III (Altaya)

BMW M1 (Minichamps)

VW Passat 3 (DeAgostini)

Audi 80 (Norev), Ferrari Mondial Spider (MR Models),
Lancia Beta Montecarlo (Minichamps), Ford Taunus 1.6 (Atlas)

#Goldene Mitte

»Ich verkaufe keine Autos, ich verkaufe Motoren.« So sieht das Selbstverständnis von Enzo Ferrari aus. Und dementsprechend auch das letzte automobile Vermächtnis des Commendatore aus Maranello, der F40. Grundsätzlich ist der Antrieb im Lauf der Jahrzehnte zum integralen Bestandteil des Automobils geworden. Selbsttragende Karosserien mit von vornherein hineinkonstruierten Motorenräumen ersetzen die ehemalige Rahmenbauweise. Bei Rennwagen werden Motor und Getriebe mitunter sogar als tragende Bauteile ausgelegt und machen das Fahrzeug so leichter und kompakter. Renn- und Sportwagen werden als Mittelmotorfahrzeuge konstruiert. Das kommt der Gewichtsverteilung ergo der Fahrdynamik zugute. Auch dafür ist der F40 ein Paradebeispiel. Ferraris Prunkstück der 80er trägt sein von zwei Turboladern aufgeladenes V8-Triebwerk mitsamt transversal angeblocktem Sechsganggetriebe selbstbewusst unter einer großen Plexiglaskuppel zur Schau.

Jörg Walz in *tomorrow* (»Maschinen«, 03/2017)

Ferrari F40 (Herpa)
Frauenaurach

#Volle Pulle mit ordentlich Durst

Die Bayerischen Motoren Werke haben dem Stern aus Stuttgart lange Zeit nur — zugegebenermaßen seidig laufende — Reihensechszylinder entgegenzusetzen, während Mercedes-Benz in der Oberklasse mit acht Zylindern die Kundschaft verwöhnt. 1987 zaubern die Münchener dann den ersten deutschen Zwölfzylinder der Nachkriegsgeschichte aufs Tapet. 300 PS aus fünf Liter Hubraum, und das Ganze verpackt im Kleid des von Claus Luthe höchst elegant eingekleideten 7er der Baureihe E32 mit — wie es sich für eine chauffeurtaugliche Limousine gehört — langem Radstand. Betörend ist der Komfort des neuen deutschen Topautomobils, dessen Ruhe die Tester von *auto, motor und sport, Auto Bild* und Co. begeistert. »Auch innen, selbst bei Tempo 160, ist fast nichts zu hören; keine Abrollgeräusche, kein Wind und auch der Motor nicht, der bei diesem Tempo nur knapp über 2.000 Touren dreht«, heißt es bei *Auto Bild.* Verführerisch ist auch die stets im Überfluss zur Verfügung stehende Leistung, die, gern abgerufen, auch einen entsprechenden Obolus fordert: Die Tester verbrauchen auf einer 403 Kilometer langen Teststrecke mit einem Durchschnittstempo von 88 km/h stolze 82,4 Liter. Das macht einen Verbrauch von 20,5 Liter pro 100 Kilometer. Im Sportmodus der Viergangautomatik, die die höchste Gangstufe dann erst bei Tempo 230 einlegt, sind es gar 23,7 Liter. Die damaligen *Auto Bild*-Testredakteure bewerten den Verbrauch als »hoch, aber angemessen«. Andere Zeiten, andere (Trink-)Sitten.

BMW 750i (Minichamps)
München

#Mehr Ferrari geht nicht

250 GTO, 288 GTO, F40 und F50 – knapp vier Jahrzehnte faszinierender Sportwagen-Geschichte aus Maranello. Wir versammelten die hochkarätigen PS-Legenden zum Rendezvous auf der Nordschleife.

Die grüne Hölle hat sie vereint: Ferrari 250 GTO, 288 GTO, F40 und F50 – die Edelsteine der in knalligem Rosso Corsa gezeichneten Ferrari-Historie. Sie sind Inbegriff der von Enzo Ferrari begründeten Firmenphilosophie. Jeder der vier Traumwagen dokumentiert das jeweils technisch Machbare seiner Epoche und verkörpert die gelungene Synthese aus Rennsportbolide und Straßenfahrzeug. X-mal verkleinert sind sie millionenfach in Wohn- und Kinderzimmern anzutreffen, doch in natura finden sie so selten zusammen wie Coco Chanel, Sophia Loren, Brigitte Bardot und Claudia Schiffer.

Obwohl für jedes Modell annähernd die gleichen Anforderungen gestellt wurden, unterscheiden sie sich deutlich. Dem zwölfzylindrigen Frontmotor des GTO mit seinen sechs Weber-Doppelvergasern folgten die turbogeladenen Mittelmotor-V8 und der ebenfalls in Mittelmotorbauweise verwirklichte F50 mit katalysatorgereinigtem Mehrventil-Zwölfzylinder-Aggregat.

Jedes der vielen Details wird zum Zeitzeugen seiner Ära. Im Gegensatz zu seinen Nachfolgern erblickte der 250 GTO die Welt als erfolgreiches Rennfahrzeug, das die GT-Weltmeisterschaft dreimal in Folge überlegen gewann.

Im Innern des bei Scaglietti in leichtes Aluminium eingekleideten Zwölfzylinder-Frontmotor-Rennwagens herrscht daher typische Rennwagenatmosphäre. Abgesehen von dem mit schwarzem Schrumpflack überzogenen Armaturenbrett, dem großen, filigranen Nardi-Holzlenkrad und den knapp geschnittenen Sitzschalen herrscht hier die kühle Nüchternheit matt schimmernden Aluminiums. Ungeniert stellt sich der Gitterrohrrahmen zur Schau. Der blaue Stoff, der sich über die Sitzschalen mit ihren niedrigen Lehnen spannt, ist das einzige Textil im über 30-jährigen 250 GTO. Dämmmaterial? Fehlanzeige!

Dementsprechend laut und ungemütlich gestaltet sich die Fahrt. Das Crescendo der mechanischen Geräusche schwillt zu einem gewaltigen Szenario, das dem Fahrer schon nach kurzer Zeit das Gefühl gibt, selbst Bauteil des Getriebes zu sein. Die Leistungsentfaltung des 300 PS starken V12 ist auch heute noch äußerst beeindruckend, die Fahrleistungen des über 280 km/h schnellen Klassikers immer noch respekteinflößend.

Das gilt nicht minder für den 20 Jahre später 272-mal gebauten 288 GTO. Allerdings gibt er sich wesentlich komfortabler als sein Vorgänger. Analog zum im Rennwagenbau vollzogenen Wandel schlägt das Herz des jungen GTO in der Fahrzeugmitte: ein mittels zweier Turbolader aufgeblasener V-Achtzylindermotor, und zwar längs, statt quer eingebaut (was den langen Radstand des 288 GTO erklärt). Die Abwärme des Motors und die der umliegend angebrachten Wasser-

Ferrari 250 GTO (Best)
Le Mans

288 GTO, F40, F50
(Bburago, Bburago, Minichamps)

und Ladeluftkühler lässt die Insassen schnell ins Schwitzen kommen. Dafür sitzen sie auf kommodem Leder und blicken auf ein samtüberzogenes Armaturenbrett.

Über den Stahlrohrrahmen spannt sich eine Kunststoffkarosserie mit Hauben aus Nomex. Lediglich bei den Türen griffen die Karosseriebauer von Ferrari auf Aluminium zurück.

Der Umgang mit dem ersten Straßen-Ferrari, der die magische Tempo-300-Schallmauer durchbrach, gestaltet sich erstaunlich problemlos. Allerdings sollte der Fahrer sich unterstehen, dem Motor noch vor beendeter Kurvenfahrt eine ordentliche Brise Sprit und Luft zuzuführen, denn das quittiert das angetriebene Heck spontan mit vehementen Ausbruchversuchen.

Nicht weniger heimtückisch, aber ungleich unkomfortabler gibt sich der kurz danach erschienene F40. Selbst bei Landstraßentempo auf gerader Strecke muss sich der Pilot noch auf den abrupten Abriss der Bodenhaftung gefasst machen. Bei durchgetretenem Gaspedal wächst der Ladedruck schlagartig und lässt die angetriebenen Hinterräder recht haltlos durchdrehen.

Der 1987 vorgestellte F40 war der letzte Wagen, dessen Präsentation Firmengründer Enzo Ferrari noch beiwohnte. Sein Tod anno 1988 löste eine wahre Hysterie gegenüber den Fahrzeugen der Marke Ferrari aus. Im Nu stiegen ihre Preise in astronomische Höhen. Der 250 GTO – Ende der 60er-Jahre als gebrauchtes Rennfahrzeug noch für lächerliche 7.000 US-$ erhältlich – brachte auf Versteigerungen über 30 Millionen DM. Etliche, laut damaliger Ferrari-Preisliste 444.000 DM teure F40 wechselten für den mehr als fünffachen Betrag ihren Besitzer.

Die weit vorgerückte Sitzposition weckt neben den ausgeformten Profi-Rennschalen und dem sehr direkten Fahrverhalten Assoziationen an damalige Gruppe-C-Sportwagen. Das Auge blickt auf die kohlefaserumspannte Fahrgastzelle, das filzbezogene Armaturenbrett und die ungefütterten Kunststofftüren. Die Hände haben das kleine Raulederlenkrad fest im Griff, und nur kurz wechselt die Rechte zum polierten Schaltknauf, um die fünf Fahrstufen flugs in der offenen Schaltkulisse zu sortieren. Bei voller Beschleunigung des 478 PS starken und über 320 km/h schnellen F40 bleibt dem Fahrer förmlich die Luft weg.

Noch gewaltiger sind die Fahrleistungen des F50, der sich gegenüber seinem Vorgänger allerdings fast so problemlos wie ein x-beliebiges Großserienfahrzeug gibt. Das in direkter Linie vom Ferrari-Formel-1-Monoposto abstammende Fahrwerk erlaubt in Verbindung mit der üppigen 18-Zoll-Bereifung schwindelerregende Kurvengeschwindigkeiten.

Der fast komplett aus hochfestem Carbon bestehende F50 gibt sich spartanisch wie sein Vorgänger. Einzig bei den technisch notwendigen Bauteilen wurde nicht gespart. Man wählte nur die besten Materialien unserer Zeit. Dazu gehören heute neben Kohlefaser und Titan auch die üppig dimensionierte Brembo-Bremsanlage mit Vierkolben-Aluminiumsätteln sowie innenbelüftete und gelochte Scheiben. Ihr Biss ist noch brutaler als der des F40 und 288 GTO und staucht den Bremsweg des 1.230 Kilogramm schweren Sportwagens auf ein Minimum zusammen.

Diese Bremsanlage steht in krassem Gegensatz zu den sehr hohen Pedaldruck fordernden und relativ geringe Leistung bietenden Trommelbremsen des 250 GTO, die heutigen Maßstäben nicht mehr gerecht werden.

Anders als seine Vorgänger lässt sich der jüngste Vertreter des Supersportwagen-Gipfels in gut halbstündiger Arbeit durch die Demontage des serienmäßigen Hardtops in eine Barchetta verwandeln. Damit spannt der F50 den Bogen zum ersten Ferrari, dem ebenfalls offenen 125S. Der gab im Frühjahr 1947 sein Debüt. Und genau 50 Jahre später wird das letzte von 350 Exemplaren des F50 – das übrigens nur dafür gebaut wird, um im Museum zu landen – die heiligen Werkhallen von Maranello verlassen.

Die dann anstehende Feierstunde wird sicherlich den passenden Rahmen für ein erneutes Zusammentreffen dieser zugleich faszinierenden und traumhaft schönen Ferrari bieten.

Jörg Walz in *rallye/racing* 12/1996

#Kannst mal lieber Manni zu mir sagen

Ich heiß Heinz, na, der Name is auch schnuppe.
Kannst mal lieber Manni zu mir sagen.
Weil in meiner Opel-Fanclubgruppe,
da heißt jeder genau wie sein Wagen,
und ich fahr ja den Manta.
Das is'n starker Bock.
Da drinne werd ich zum Panther
und fahr andauernd um' Block.
Mein Kadett war der allerletzte Heuler,
da hab ich mir den Manta gezogen (voll geil).
Wie ich Pickel hab, so hat die Karre Spoiler,
die sind wie Frauenkörper sinnlich gebogen,
das hat nur der Manta.
Dadrin werd ich zum Tier,
und so manch ein Verwandter
hat, wenn ich drin sitz, Angst vor mir.
Die Antenne geht von innen automatisch,
und die Boxen sind affentittengeil.
Und bei IRMSCHER, das find ich symptomatisch,
gibt es jedes noch so ausgefeimte Extrateil
für den Manta.
Zu teuer ist da nix.
Das macht den glatt noch rasanter,
und der ist eh schon reichlich fix.
Meine Freundin, das is'ne heiße Mutti,
die sagt: »Manni, dein Manta ist ein Muss.
Fahr das schöne Gerät bloß nicht kaputti!«
Und dann gibt sie ihm auf's Hinterrad 'n Kuss.
Ja, sie liebt meinen Manta
beinah so doll wie mich.
Mein Manta is wie'n Verwandter,
gehört zur family wie ich.
Jeden Sonnabend geh ich inne Disse,
und am geilsten find ich Samantha Fox.
Seh ich Möpse, dann weiß ich, ja, das isse!
Und in meim Auto, da wackelt jede Box,
denn die heißt ja Samantha,
den Nam' find ich echt toll.
Ich fahr im Foxtrott mein Manta
und dreh die Anlage auf voll.
Den Ford Capri fahrn immer alte Männer,
der Scirocco is mehr so was für sie.
Alte 3er BMW sind bloß noch Brenner,
und der Hasser is der Golf GTI,
stell den mal neb'n mein Manta,
da fällt dir nix mehr ein.
Mein Manta is viel eleganter,
das is'n Wagen mit Design!
In meim Opel-Club bin ich wie zu Hause.
Der Name Manni, der is da sehr beliebt.
Das liegt daran, wenn ich so recht beschau'se,
dass es in meim Opel-Club gleich zwanzig Mannis gibt,
alle fahrn Manta.
Die Jungs sind echt ganz groß.
Mein Manta is'n ganz bekannter.
Na, erst mal tschüss Jungs, ich muss los!

MANTA SONGTEXT (Norbert und die Feiglinge)

Opel Manta B GSi (Ixo)

Opel Manta A (Minichamps)
Herzogenaurach

#Facharbeiterporsche

So werden seinerzeit gern die Coupés aus den großen Häusern bespöttelt, die elegante, sportlich gezeichnete zweitürige Karosserien mit robuster Großserientechnik verbinden. Allen voran ist es der Opel Manta, dem letzten Endes nicht nur Musiktitel und Witze, sondern auch noch Kinofilme gewidmet werden. Und mit vergleichbaren Angeboten von Ford, Volkswagen, Toyota und einigen weiteren Marken stehen der Klientel, die sich tatsächlich gern aus Facharbeitern zusammensetzt, attraktive Alternativen zur Wahl. Die Coupés aus Europa und Fernost folgen dem Vorbild der US-amerikanischen Coupés à la Ford Mustang und Chevrolet Camaro. So verbirgt sich unter dem schicken Äußeren des Mustang die millionenfach produzierte Technik des Ford Falcon. Der Opel Manta ist technisch verwandt mit dem Mittelklasse-Opel Ascona und bekommt bereits aus Kadett, Rekord und Co. bekannte Motoren. Die europäische Kopie des Mustang, der Ford Capri, kommt mit Triebwerken und Technikteilen daher, die sich auch in den Modellen Escort und Taunus finden und der VW Scirocco ist ein knapp geschnittenes Schwestermodell des über die Maßen erfolgreichen VW Golf. Die drei deutschen Mittelklasse-Coupés sind allesamt in unterschiedlichen Konfigurationen erhältlich. So markieren schlicht ausgestattete Modelle mit 50 PS (Capri und Scirocco) beziehungsweise 60 Pferdestärken (Manta) den Einstieg. An der Spitze stehen dann die dann auch optisch mit kriegerischem Ornat geschmückten Modelle namens GT beziehungsweise RS 2600 (Capri), GT/E (Manta) und GTI (Scirocco) mit 108 und sensationellen 150 (Ford), 105 (Opel) sowie 110 Pferdestärken (Volkswagen). In der 16-Ventil-Variante der 80er-Jahre-Generation leistet der zweite Scirocco gar bis zu 139 PS, die von der neuen Katalysatortechnik erst einmal auf 129 Pferdestärken geschrumpft werden. Die Topversion der zweiten Generation des Manta hört ab Mitte der 80er auf das Kürzel GSI und bringt es auf 110 PS. Und Ford bleibt dabei, dem Topmodell – anders als der Wettbewerb – einen Reihensechszylinder unter die lange Haube zu pflanzen. Mit der Folge, dass die kleinen Vierzylinder mit 1,3-Liter-Hubraum sich in der Weite des Raumes fast verlieren …

Der Blick auf die Preisliste macht es möglich, die schnittigen, aber familientauglichen Zweitürer wirtschaftlich einzuordnen. So kostet ein Ford Capri GL 1,6 mit 72 PS 1978 beispielsweise 14.060 DM. Sein Großserienbruder, der identisch motorisierte Taunus mit GL-Ausstattung, kommt als Zweitürer auf 13.750 DM. Opel weist währenddessen 13.035 beziehungsweise 11.900 DM für Manta und den zweitürigen Ascona mit 1,6-N-Maschine aus. Ein Porsche 924 beispielsweise – ebenfalls 2+2-sitzig und mit etablierter Technik aus dem Großserienregal (Zweiliter-Vierzylinder von VW/Audi mit 125 PS) ausgerüstet – kostet dagegen 26.850 DM. Das ist dann schon ein ganz anderer Schnack … Vom Elfer ganz zu schweigen, für den Porsche anno 1978 42.950 DM berechnet. Dafür gibt es dann schon alle drei – Manta, Capri und Scirocco – zusammen.

Ford Capri I (Minichamps), VW Scirocco (Minichamps), VW Scirocco II (Norev), Toyota Celica (Minichamps)

#Auf allen vieren

»Alles außer Allrad ist ein Kompromiss.«

Walter Röhrl

Die Tierwelt liefert immer wieder auch für den Automobilbau spannende Vorbilder. Ein simples Beispiel für eine Übertragung ist das Thema Allradantrieb, schließlich bieten vier angetriebene Räder eine deutlich bessere Möglichkeit zur Kraftübertragung als deren zwei. Das erste verbrennungsmotorische Auto mit Allradantrieb datiert auf das Jahr 1902 und stammt von dem niederländischen Produzenten Spyker. Doch der theoretische Vorteil wird durch die vorhandenen Nachteile aufgehoben: Fehlende Gleichlaufgelenke sorgen für heftige Schläge ins Lenkrad, malträtieren die Fahrzeuglenker und vereiteln den Durchbruch dieser Technologie auf Jahrzehnte. Die Einsatzfahrzeuge vom Schlage eines Jeeps demonstrieren im Zweiten Weltkrieg eindrucksvoll die Vorteile einer Kraftverteilung auf alle Räder. Aus sportlicher Perspektive versuchen die Briten — und allen voran die Ingenieure aus dem Hause Ferguson — Ende der 50er-Jahre mittels Allradantriebs die im Überfluss vorhandene Leistung der damaligen Grand-Prix-Boliden auf alle Räder zu übertragen. Im Sporteinsatz regelt letztendlich das Reglement die zum Einsatz kommende Technologie. Und erst in den 80er-Jahren feiert diese Antriebsart auch sportlich ihren Durchbruch. Auslöser dafür ist Audi — und Ferdinand K. Piëch ist die treibende Kraft dahinter —, die 1980 das neue Modell quattro der Weltöffentlichkeit präsentieren und darauf im Rahmen der Rallye-Weltmeisterschaft demonstrieren, dass an dieser Art von Vortrieb künftig kein Weg mehr vorbeiführt.

14 Jahre vor dem quattro bringt der britische Autobauer Jensen mit dem FF den ersten Serien-Pkw mit permanentem Allradantrieb. Die Allradtechnik stammt von Ferguson — sonst eher für Landtechnik bekannt und eben aus dem Formel-1-Abenteuer — und wird den Spannungen im Antriebsstrang mittels dreier Differenziale Herr. Und auch Audi verbaut drei Differenziale und betreibt mit den Rallye-Einsätzen eindrucksvolles Marketing. Das Ingolstädter Unternehmen zeigt damit, dass vier angetriebene Räder die Fuhre nicht nur besser beschleunigen, sondern dem Fahrzeug auch ein deutliches Plus an Sicherheit geben. So erobert der Allradantrieb dann nach den Geländewagen letztlich auch Limousinen und Sportwagen. Heute beträgt sein Anteil an allen Autos 34 Prozent.

Jensen Interceptor (Norev)
Düsseldorf

#Fehlfarben

»Für den typischen Ferraristi ist es Pflicht, einen roten Ferrari zu fahren. Ich selbst habe mich allerdings auch nur selten daran gehalten.«

Günter Netzer

Rennwagen aus Italien rennen in rot, französische glänzen blau, britische sind grün und deutsche weiss lackiert. So sehen es die internationalen Sportregularien vor, bis die Lackierungen von Rennfahrzeugen zu Beginn der Siebziger Jahre durch farbenfrohe Werbeaufschriften und Sponsorenfarben abgelöst werden.

Schillernd bunt ist auch das Farbspektrum des jungen Automobils, bis die industrielle Serienfertigung die Farbvielfalt beschränkt. Das eindrucksvollste Beispiel dafür liefert Ford im Rahmen der Model-T-Produktion. Das erste automobile Fließbandprodukt rollt ausschließlich in Schwarz vom Band. Grund dafür: Schwarz trocknet schneller als andere Farben und verkürzt somit den industriellen Fertigungstakt. Und billiger ist der Farbton auch noch.

Hergestellt sind die Farben der zwanziger und dreißiger Jahre aus Schelllack, beziehungsweise auf Nitrobasis. Damit lassen sie sich leichter auftragen, als die zuvor verwendeten Harz- und Ölfarben, deren Farbton auch durch Zugabe von Russpartikeln erzielt wird. Ihr Trocknungs- und Aushärteprozess nimmt fünf bis acht Wochen in Anspruch und macht eine industrielle Fertigung unmöglich. Die in mehreren dünnen Schichten aufgetragenen Nitrolacke - vor allem in Schwarz - geben eine faszinierende Tiefe. Aber sie erfordern auch fleißige und fortwährende Polierarbeit - eine willkommene Tätigkeit für Chauffeure. Weiterer Nachteil: Sie sind alles, nur nicht ungefährlich - im Umgang mit Ihnen und für Umwelt. Heute ist der Umgang mit diesen Lacken längst verboten.

Bereits seit den Fünfzigern sind sie abgelöst durch Kunstharzlacke, ab den Siebzigern in Zweikomponenten-Technik und den achtziger Jahren gar auch auf wasserlöslicher Basis.

Und auch in den industriellen Lackieranlagen

Ferrari 348 tb (Detail Cars)
München

#Gewicht weglassen und Einfachheit hinzufügen …

… das ist die Devise von Colin Chapman, dessen Konstruktionen unter dem Namen Lotus auf den Rennpisten der Welt Siege und Weltmeistertitel einfahren. Chapmans erster Streich für die Straße — und eigentlich gedacht zur Finanzierung seiner Motorsportvorhaben — ist genauso aufgebaut. Ein filigraner Gitterrohrrahmen trägt Motor, Getriebe, Antrieb und Insassen und ist lediglich mit einer knapp geschnittenen Alukarosse beschürzt. Die von seinen Rennwagen abgeleitete Konstruktion erweist sich als derart zeitlos, dass Lotus sie 20 Jahre lang anbietet. Und selbst als Chapman 1973 die Werkzeuge verkauft, um in seiner Werkstatt Platz für den Lotus Esprit zu machen, lebt der pure Sportwagen weiter. Bis heute fertigt die Firma Caterham den behutsam weiterentwickelten Leichtbausportwagen.

Auf der Rennstrecke löst die Monocoque-Bauweise den Gitterrohrrahmen ab. Bei dieser ist das Fahrzeugchassis aus miteinander vernieteten und verklebten Alublechen gestaltet. Das bietet Gewichtsvorteile und erhöht die Karosseriesteifigkeit. Damit ist ihr Siegeszug Anfang der 70er-Jahre nicht aufzuhalten. Lotus — mittlerweile in Besitz eines italienischen Industriellen namens Artioli — erinnert sich Mitte der 90er dieser Bauweise für sein neues Modell namens Elise. Der knapp geschnittene Mittelmotor-Roadster mit Kunststoffkarosse wird zum legitimen Erben des Super Seven. Vier Zylinder und eine Leistung knapp oberhalb der 100-PS-Marke reichen vollends für spaßbringende Fahrleistungen auf Landstraße und Piste.

Mit der von der Raumfahrt inspirierten Kohlefaserbauweise erobert die nächste Leichtbautechnologie die Formel 1. Sündteuer, aber hochfest und zugleich federleicht. Nach den Kosten fragen die Protagonisten der Motorsport-Königsklasse eher nicht. Binnen kürzester Zeit führt für die Rennwagen-Konstrukteure kein Weg mehr am neuen Werkstoff Carbon vorbei. Auf die Straße kommt er erst mit Verzögerung und in homöopathischen Dosen. Mit Supersportwagen wie dem McLaren-BMW F1 oder dem Ferrari F50. Aber auch die für ihre kompromisslosen Motorräder bekannte österreichische Marke KTM nutzt Kohlefaser als Werkstoff für das beim Rennwagenbauer Dallara entwickelte Chassis des 2007 vorgestellten, radikalen, aber straßenzugelassenen Zweisitzers X-Bow.

Lotus Super Seven (Minichamps), Caterham Seven (Kyosho),
Lotus Elise (Vitesse), KTM X-Bow (Carrera)

#Im Osten endlich Neues

Nach Ende des Zweiten Weltkriegs, als der Eiserne Vorhang den Osten vom Westen trennt und dort der Glaube an den Sozialismus den Alltag regiert, erlebt auch das Automobil regional einen Dornröschenschlaf. In einer Planwirtschaft ist kein Platz für den Wettstreit von Unternehmen und das Ringen um die technisch beste Lösung. Während sich im Westen die Ingenieure der zahlreichen Automobilhersteller immer wieder gegenseitig zu Höchstleistungen motivieren, sind die Fahrzeuge für die DDR, Polen, die Sowjetunion und Co. gesetzt. In Ostdeutschland entstehen als Weiterentwicklung von Vorkriegs-BMW nun Fahrzeuge unter der Bezeichnung EMW — für Eisenacher Motorenwerk. Darüber steht die Marke IFA (Industrieverband Fahrzeugbau), die, in Sichtweite zur Wartburg, im VEB (Volkseigener Betrieb) Fahrzeugwerk Eisenach ab 1956 zweitaktknatternde Limousinen und Kombis unter der Bezeichnung Wartburg fertigt.

Auf die produzierten Fahrzeuge warten die Ostdeutschen ewig. Die Lieferzeiten sind mitunter jahrzehntelang. Und so wissen sich viele damit zu helfen, selbst sehr betagte Autos in Schuss zu halten. Dementsprechend gering ist der Wertverlust. Dementsprechend gering ist aber auch der technologische Fortschritt. Während sich die Fahrzeuge in den 50er-Jahren noch durchaus in Vergleichstests messen könnten, ist daran spätestens ab den 70ern nicht mehr zu denken — zumindest nicht ernsthaft.

Unterhalb des Wartburg rangiert der bei VEB Sachsenring Zwickau gefertigte Trabant, ein sehr knapp geschnittener Viersitzer mit einer Karosserie aus »Plaste« beziehungsweise Phenoplast — in Kunstharz getränkter Baumwolle — auf einem Stahlblechgerippe. Im Volksmund mehr oder weniger liebevoll »Pappe« oder »Trabi« genannt. Die kleinen, mit angedeuteten Heckflossen knatternden Zweitakter stehen in krassem Gegensatz zu den herrschaftlichen Fahrzeugen der Marke Horch, die noch vor dem Krieg — als Konkurrenzmodelle zu den Automobilen von Mercedes-Benz — in Zwickau gefertigt werden. In Polen entsteht in der Warschauer Fabryka Samochodów Osobowych, kurz FSO, der ebenfalls mit einem Zweitaktmotor ausgestattete Syrena, anfangs noch — wie der Trabant — mit zwei Zylindern, ab 1963 mit dem Dreizylinder des Wartburg. Das Modell wird von 1957 bis 1984 über eine halbe Million Mal produziert.

Mit Glasnost, Perestroika, Grenzöffnung und Wiedervereinigung ändert sich das Antlitz Europas Ende der 80er-Jahre extrem. Auch für die Automobilgeschichte und die Autofahrer bedeutet das Veränderungen. In Polen hat FSO — wie zuvor auch das russische Unternehmen Lada — eine Kooperation mit Fiat abgeschlossen und fertigt den in den 60ern hochmodernen Fiat 124 in Lizenz. Es folgt in den 70ern ein eigenes Modell, der FSO Polonez, und nach Grenzöffnung geht der polnische Autobauer in die Hände des koreanischen Unternehmens Daewoo — heute in Besitz von General Motors. In Eisenach baut die General-Motors-Tochter Opel ein modernes Werk und setzt so die Tradition Eisenacher Automobilfertigung mit zeitgemäßen Modellen fort. Und den Trabant kann auch die Implantation eines Vierzylinder-Viertakters aus dem VW Polo nicht mehr retten. Den 1990 und 1991 angebotenen Trabant 1.1 will

Syrena 104 (Altaya), Škoda Octavia Scout (Abbrax), Fiat 124 (DeAgostini), Lada Nova (DeAgostini)

niemand mehr kaufen – Kunststück, schließlich steht den Ostdeutschen mittlerweile die gesamte Modellpalette aller zuvor ausschließlich im Westen feilgebotenen Automobile zur freien Wahl. Volkswagen übernimmt die Produktionsstandorte und errichtet dort moderne Werke.

Ebenfalls 1991 übernimmt Volkswagen den tschechischen Automobilbauer Škoda. Das Unternehmen geht ehemals aus der Marke Laurin & Klement hervor. Dort entstehen anfangs beachtenswerte Automobile. Nach dem Zweiten Weltkrieg werden auch in der Tschechoslowakei die produzierenden Firmen verstaatlicht. Dennoch gelingt es Škoda, interessante und immer wieder zeitgemäßere Fahrzeuge – unter anderem mit im Heck montierten Viertakt-Triebwerken – auf die Räder zu stellen. Unter Volkswagen-Ägide blüht die Marke indes auf und erobert sich einen festen Platz in Sachen Käufergunst, sowohl in Ost als auch West. Ein Erfolgsmodell von Škoda ist beispielsweise der Octavia, ein geräumiges Mittelklassefahrzeug mit gefälligem, aber unaufgeregtem Karosseriekleid, unter dem sich die bewährte Technik des VW Golf verbirgt.

Dacia 1309 (DeAgostini)
Potsdam

Dacia Duster (Norev)
Berlin

#Emporkömmlinge

Ferdinand Karl Piëch, Enkel das Auto-Pioniers und Volkswagen-Konstrukteurs Ferdinand Porsche, ist der Mann hinter Audis Spurt an die automobile Spitze. Als ehemaliger Porsche-Entwickler, Mastermind hinter den Rennsportwagen der späten 60er und frühen 70er und Audi-Entwicklungschef sitzt er Ende der 80er-Jahre an der Spitze des Audi-Vorstands. Einige Jahre zuvor hat er die Marke mit Allradantrieb und dem sportlichen Gran Turismo namens quattro nachhaltig in Reichweite zu Porsche und BMW gebracht. Flankierende Motorsporteinsätze und weitere Modelle wie der 200 Turbo — natürlich ebenfalls mit quattro-Antrieb — tun ihr Übriges. Doch das ist nicht genug. Daher präsentiert Audi mit dem V8 erstmals eine Oberklasse-Limousine, die sich auch für konservativere Zielgruppen mit dem Angebot aus Stuttgart und München messen lassen kann. Die proklamierte Zielvorgabe von 16.000 produzierten Einheiten pro Jahr — tatsächlich werden zwischen 1988 und 1994 gerade einmal 21.565 V8 produziert — kann Audi nicht erreichen, doch ein Anfang ist gemacht. Und mit der nachfolgenden, A8 getauften, eigenständigen, nicht mehr auf dem kleineren Audi 100 basierenden Limousine mit innovativer und leichtgewichtiger Karosserie aus Aluminium schafft es Audi, sich im Oberhaus zu etablieren.

Keine 25 Jahre später wiederholt sich die Geschichte. Piëch ist mittlerweile Vorstandsvorsitzender der Audi-Mutter Volkswagen beziehungsweise bereits im Rentenalter und damit am Ende seiner Amtszeit, als er mit dem Phaeton eine Oberklasse-Limousine aus dem Hut zaubert. Diesmal für die Marke VW. Technisch steht der Wagen einer S-Klasse in nichts nach. Im Gegenteil, sie stellt das Stuttgarter Establishment sogar in den Schatten. Doch trotz der Erklärung, dass die Marke eben für Volkswagen steht, melden sich die Kritiker und Zweifler — und davon gibt es Anfang der 2000er-Jahre viele — lautstark. Wieder werden hohe Ziele genannt, die in dieser Stückzahl nicht erreicht werden. Und doch ist der Phaeton für Volkswagen ein Erfolg: Er ermöglicht die Entstehung des Bentley Continental als GT und Continental Flying Spur. Beide finden in Zeiten der New Economy beziehungsweise Hausse der Finanzbranche reißenden Absatz. Und so kommen doch achtbare Stückzahlen zustande. Ein weiterer Stückzahltreiber ist der sich stark entwickelnde chinesische Fahrzeugmarkt, auf dem Volkswagen eine erstklassige Reputation besitzt. In China profitiert die Marke von ihrem Engagement der ersten Stunde — und ein wenig vom in der Volksrepublik wohlklingenden Namen.
Und der Phaeton ist der Schlüssel für eine Höherpositionierung der Marke, die zuvor oberhalb des Mittelklassemodells Passat nur noch Nutzfahrzeuge zu bieten hat. Im Paarflug mit dem Phaeton erscheint der Touareg, technisch ein Zwilling des ebenfalls neuen Porsche Cayenne, der ohne verwandte Luxuslimousine allenfalls als Passat-Geländewagen Kunden hätte finden können. Mit der entsprechenden Preispositionierung. Als Oberklasse-SUV sind die ausgewiesenen Preise denen des Porsche Cayenne deutlich näher als

Volkswagen Phaeton (Minichamps)
Berlin

denen des VW Passat. Tatsächlich liegt der Mitte der 2000er-Jahre durchschnittlich erzielte Preis für das Erfolgsmodell Touareg bei über 60.000 €.

Auch die Bajuwaren benötigen übrigens drei Modellgenerationen, bis die Oberklasse-Limousine bei der Kundschaft mit der S-Klasse aus Stuttgart auf Augenhöhe angesehen ist. Nach dem 2500, 2800 und 3.0 der Reihe E 23 und dem ersten 7er trifft die 1986 vorgestellte zweite Generation der 7er-Reihe (E 32) vollends ins Schwarze.

Audi V8 (Minichamps)

Volkswagen Touareg (Minichamps)
Hongkong

#Der Urtyp

Der Land Rover ist so etwas wie das Schweizer Taschenmesser unter den Autos. Klar, Geländewagen. Und zugleich Legendenwagen. Der eigentliche Hauptdarsteller in der Safari-Serie *Daktari*, Buschtaxi, Dschungeltransporter und Safari-Bus, das Werkzeug für die »Camel Trophy«, Weltenbummler und -eroberer. Modeaccessoire und Statement in einem. Mit dem Land Rover macht man vor dem Hospital in Schwarzafrika eine ebenso gute Figur wie auf der Jagd in Schottland oder vor der Schule in Düsseldorf-Oberkassel. Der Grund für die Tatsache, dass der Land Rover in den noblen Stadtvierteln auch heute noch gern zur Hand genommen wird, liegt natürlich in den Erinnerungen, in dem Film, der in den Kopfkinos seiner Eigner abläuft. Und darin spielt die Eigenschaft des Land Rover, sich stets, immer und überall einen Weg zu bahnen, eine tragende Rolle.

Daktari gehört mit zu den Inkubatoren. Das Wort entstammt der afrikanischen Sprache Swahili und steht für Doktor sowie Arzt. In Amerika und Europa steht es für eine zwischen 1966 und 1969 in 89 Folgen produzierte US-amerikanische Fernsehserie des Tierfilmers Ivan Tors, der auch bei *Flipper* und anderen Unterhaltungsserien mit tierischer Besetzung seine Hand mit im Spiel hatte. Bei *Daktari* verlassen sich die Buschärzte um Dr. Marsh Tracy und seine Tochter Paula auf verschiedene Land Rover. So zum Beispiel auf einen offenen Serie-1-Pick-up und ein geschlossenes Modell mit Tropendach und auffälliger beziehungsweise in der afrikanischen Savanne bewusst unauffälliger zebragestreifter Lackierung.

1946, als die Geburtsstunde des Land Rover schlägt, vermag niemand sich auch nur im Entferntesten vorzustellen, welch lange Karriere dem robusten, ab 1948 in Serie produzierten Fahrzeug beschieden sein wird. Vielmehr geht es im Vereinigten Königreich jener Tage darum, ein für den Farmer taugliches Universal-Arbeitsgerät zu schaffen, das an die Stelle zweckentfremdeter Jeeps — Kriegsüberbleibsel der US-Amerikaner — tritt. Aus Materialknappheit formen die Rover-Techniker die Karosserie aus Aluminiumblechen, die nicht den Zuteilungsmengen unterliegen, wie sie in den frühen Nachkriegszeiten für Stahl an der Tagesordnung sind. Die Form der Karosserie ist — gelinde gesagt — schnörkellos, schlicht gehalten und ohne aufwendige Presswerkzeuge und raffinierte Verarbeitungstechniken in Form zu bringen. Das leichte Aluminium macht den Land Rover unempfindlich gegen Korrosion, zumindest was die Karosseriebleche anbelangt.

Der »Defender«, wie der klassische Land Rover ab 1990 heißt, wird vom Ackergaul zum Zugpferd. Bis zu dem wegen der Fußgängerschutz-Gesetzgebung verordneten Produktionsende im Januar 2016 werden über zwei Millionen Exemplare von ihm produziert. Und die Marke hat über die Jahrzehnte eine Reihe von Eigentümern. Rover wird ab 1966 Teil des Markenverbundes British Leyland, der in Deutschland mitunter auch als »Britisch Elend« verspottet wird. 1978 wird die Markengruppe Jaguar-Rover-Triumph abgespalten. 1994 wird dann BMW neuer Hausherr von Land Rover, ehe die Marke zwischen 2000 und 2007 Teil der »Premier Automotive Group« von Ford ist. Seit 2008 befindet sich Land Rover in den Händen des indischen Tata-Konzerns. Überaus erfolgreich. Einen Land Rover stoppt halt nichts und niemand!

Land Rover Serie III (Atlas), Land Rover Defender 90 (DeAgostini),
Land Rover 109 Series II (Oxford), Land Rover 109 Series I (DeAgostini)

#Blütezeit in Maranello

Luca di Montezemolo führt das Erbe von Enzo Ferrari fort und das Unternehmen in moderne Zeiten. Neue Modelle wie der Mittelmotor-Achtzylinder F355, die zwölfzylindrigen 456 GT und 550 Maranello sowie das in gerader Linie vom Formel-1-Rennwagen abstammende Jubiläumsmodell F50 manifestieren den wirtschaftlichen Erfolg. Mit der Verpflichtung von Michael Schumacher kommt der sportliche Erfolg, für den Jean Todt ab 1993 bereits den Boden bereitet.

Mit erfolgreichen Machern (Cesare Fiorio, John Barnard) und einem (später) vierfachen Weltmeister (Alain Prost) an Bord erzielt die Scuderia Ferrari weitere Siege. Ferraris 100. Formel-1-Erfolg fällt unter die sechs Siege der Saison 90. Den Titel verpasst das Team indes trotz wegweisender Innovationen (elektrohydraulisch gesteuertes, vom Lenkrad aus schaltbares Getriebe) einmal mehr knapp.

Ferrari 550 Maranello (Minichamps)

Mit dem Tod von Enzo Ferrari am 14. August 1988 erfährt der Hype um Ferrari eine Beschleunigung, in deren Zuge die Preise für Produkte aus Maranello explosionsartig nach oben schießen. In ihrem Sog heben sie den weltweiten Sportwagen- und Klassiker-Markt auf ein nie zuvor gekanntes Niveau. Am Ende weichen die Spekulanten den wie ehedem faszinierten Kunden. Luca di Montezemolo lenkt die Geschicke des Hauses mit sicherem Gespür und stellt die Weichen auf Erfolg. Die neuen Modelle sind technisch interessant und stilsicher: Mit dem 456 GT erscheint ein klassischer Gran Turismo im besten Sinne. Mit dem F355 hält der aerodynamisch geformte Unterboden Einzug in den Seriensportwagenbau, und das Leistungsniveau erreicht mit 380 PS neue Sphären. Und die Frontmotor-Berlinetta 550 Maranello knüpft an klassische Vorbilder wie den 275 GTB oder den »Daytona« an – bei gleichzeitig im Vergleich zu ihrem Vorgänger verbesserten Fahrleistungen. Einen Einschnitt in der Formel 1 stellt 1996 die Zahl Zehn der Brennräume dar. Mit den neuen Motoren kommen auch neue Piloten: Michael Schumacher und Eddie Irvine.

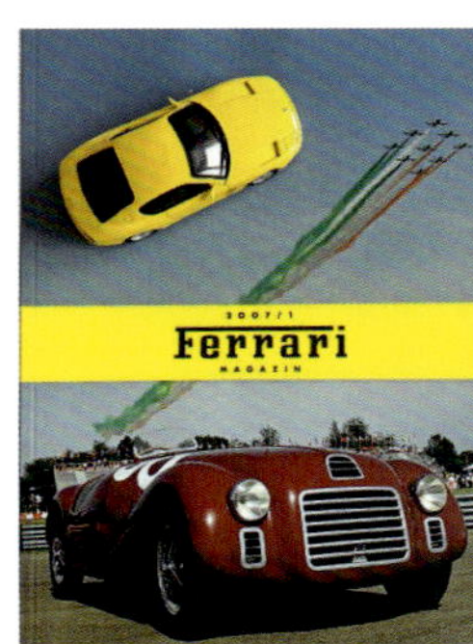

Jörg Walz in *Ferrari Magazin* 2007/1

Ferrari F355 (Minichamps)
Spa-Francorchamps

#Ein Volltreffer zur Renaissance

»Der Alfa 156 hat seiner Marke zu einem schnelleren Comeback verholfen, als ich erwartet habe. Ich halte Alfa Romeo für eine der stärksten Marken der Welt. Und das genügt: Ein Auto, und die ganze Welt glaubt wieder an sie. Ich glaube nicht, dass das mit einer anderen Marke zu schaffen wäre«, lautet die Einschätzung von Ferdinand Piëch, dem Porsche-Enkel und Baumeister des Volkswagen-Konzerns. Für den von Walter de Silva und Wolfgang Egger unter der Ägide von Paolo Cantarella (als Konzernlenker) und Roberto Testore (als Fiat Auto-Chef) geschaffenen Alfa 156 ist das ein dickes Lob aus berufenem Munde.

Tatsächlich erfindet sich die Marke mit dem Alfa 156 praktisch wieder neu. Als der hinreißende Viertürer 1997 auf dem Markt erscheint, heimst er auf Anhieb Auszeichnungen ein, gewinnt Leserwahlen und erhält auch von Experten Bestnoten. Eine mit internationalen Fachjournalisten besetzte Jury verziert die sportliche Limousine mit dem Gütesiegel »Auto des Jahres«. Noch wichtiger ist indes, dass er die Herzen vieler Autofahrer im Sturm erobert. Darunter ist auch die Gruppe der Alfisti, die sich zuvor sorgten, dass Alfa Romeo nach Eingliederung in den Fiat-Konzern nicht zu seinen alten Tugenden zurückfinden würde. Der Alfa 156 überzeugt auf Anhieb.

Alfa 156 (Minichamps)

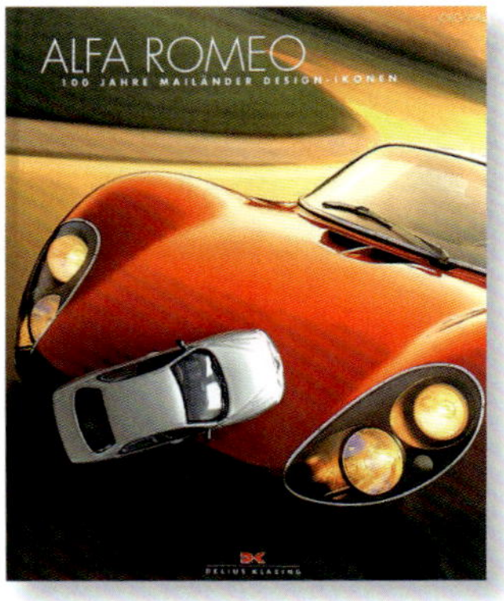

Jörg Walz in *Alfa Romeo — 100 Jahre Mailänder Design-Ikonen* (2010)

Alfa Sportwagon GTA (Castagna)
Nürnberg

#Ein Fall für zwei

Claus Theo Gärtner ist sich sicher: »Ein Detektiv wie ›Matula‹ kann gar kein anderes Auto als einen Alfa Romeo fahren.« Inzwischen ist der Fernsehdetektiv 20 Jahre im Dienst und — mit kurzer Ausnahme — stets im Alfa unterwegs. »Als die Serie erfunden wurde, suchte der Autor eigentlich einen jungen Anwalt und einen älteren Detektiv. Doch das ZDF wollte es umgekehrt. Das war meine Chance.« Natürlich fragten sich die Macher schnell, worin sie ihren Hauptdarsteller am besten von Tatort zu Tatort schicken. »Ein Jaguar wie Jerry Cotton konnte es kaum sein, ein Porsche hätte auch nicht gepasst, und ein alltäglicher Mittelklassewagen kam für Matula natürlich ebenso wenig infrage«, erinnert sich Gärtner. »So machte ich den Vorschlag, einen Alfa Romeo zu nehmen. Das ist schließlich seit jeher das passende Auto für Individualisten.« Heute reißen sich die Automobilhersteller darum, einen derart etablierten Fernsehhelden zu mobilisieren. Damals waren Eigeninitiative und Verhandlungsgeschick gefordert.

Heute wird Gärtner schon auf der Straße mit »Matula« angesprochen. Und weil Gärtner sich auch um die Geschicke der inzwischen an der Börse notierten Produktionsgesellschaft kümmert, mitunter Drehbücher schreibt und auch Regie führt, bleibt dem Schauspieler keine Zeit für weitere Rollen. »Pro Jahr bringen wir mittlerweile zehn neue Folgen.« Als Gärtner die ersten Male in die Rolle des hemdsärmeligen Schnüfflers schlüpfte, stand er parallel noch auf den Brettern, die die Welt bedeuten, auf der Theaterbühne. Der Bundesfilmpreis 1971 für seine Rolle in Zoff bedeutete Gärtners Durchbruch nach der Schauspielausbildung in Hannover. Zu dem Zeitpunkt rollte die Giulia bereits seit neun Jahren auf den Straßen Europas. Ihr Doppelnockenwellen-Motor mit den beiden Doppelvergasern sorgte für Kraft und Klang. Das direkt geschaltete Fünfganggetriebe, die Scheibenbremsanlage und das reichhaltig ausgestattete Instrumentenbrett machten die dynamische Limousine damals zum Traumwagen. Erstmals verknüpfte ein Großserienhersteller Rennwagentechnik und sportliche Fahrleistungen mit vier Türen. Das hatte natürlich auch seinen Preis: Die Giulia war stets ein wenig teurer als die ebenfalls in dieser Klasse heimischen BMW. Und natürlich hatte sich auch der autobegeisterte Claus Theo Gärtner längst in den heiser-kraftvollen Klang des Aluvierzylinders verliebt: Nach seinen ersten Autos (VW Bulli, R4 und Opel Caravan) kam schnell ein gebrauchter Alfa ins Haus.

Matula nahm 1979 natürlich in der damals aktuellen und mit Kunststoffkühlergrill und geglätteten Hauben modifizierten Giulia Super Nuova Platz. »Die hatte ein wunderschönes Holzlenkrad.« Die Fahreigenschaften der dynamischen Limousine schätzte er bereits an seinem privaten »Bertone«, einer Giulia Sprint GTV.

Beim Wiedersehen mit der Giulia strahlen die Augen des sympathischen Mimen: »Das macht wieder richtig Spaß, da erinnere ich mich sofort an meinen alten Filmwagen.«

Claus Theo Gärtner sitzt gern hinterm Steuer: Bis zum letzten Jahr startete der Schauspieler regelmäßig beim Nürburgring-Langstreckenpokal. Seine Sportgeräte wurden immer schneller: vom VW Scirocco bis zum

Alfa Romeo Giulia Super (Minichamps)
Koh Samui, Thailand

Porsche Carrera RSR. Doch inzwischen hängen Helm und feuerfester Overall endgültig im Kleiderschrank.

Privat sitzt Gärtner heute im Alfa Romeo 166. Matula setzt — nach Giulia, Alfa 75 und 155 — logischerweise auf den aktuellen Alfa 156. »Als wir kurzzeitig einen Audi für Matula benutzten, haben sich viele Zuschauer dran gestört.«

Die Fahrstunts erledigt der ehemalige Rennamateur natürlich selbst — mit Ausnahme der Stunts, die großer Vorbereitungen bedürfen. Doch die sind dann so gefährlich, dass Gärtner schon aus Versicherungsgründen nicht hinters Steuer darf.

»Der Alfa 156 passt ideal zu Matula«, erklärt der Schauspieler in seiner markant tiefen Stimme, »auch wenn Josef Matula mit Claus Theo Gärtner älter geworden ist — oder umgekehrt. Es ist immer noch ein typischer Alfa Romeo, der wie sein Fahrer nur schwer in die üblichen Schubladen gepresst werden kann.«

Das ist sicherlich eine der Stärken, die dem Alfa Romeo 156 hierzulande nach wie vor zu großem Erfolg verhelfen — so wie einst der Giulia.

Jörg Walz in *Auto Zeitung* 19/99

Alfa 156 (Minichamps)
Herzogenaurach

#Kinderzimmerhelden

Die vier- bis achtfache Größe eines DIN-A4-Blattes hat das Poster, das zu Abertausenden Träume in die Jugendzimmer der 70er- und 80er-Jahre projiziert. Neben Sportgrößen und Musikern rangieren Traumwagen ganz oben auf der Liste der bunt bedruckten Beilagen auflagenstarker Magazine. Und die Jugend sieht gern rot, schließlich sind die aufsehenerregendsten Traumwagen vornehmlich italienischer Herkunft und damit mit der landestypischen Farbgebung versehen.

Ferrari und Lamborghini stehen in der ersten Startreihe der Begehrlichkeit. Allen voran der von Bertone-Chefdesigner Marcelo Gandini eher mit dem Messer als dem Zeichenstift in Form »geschnitzte« Countach. Und als Ferrari 1984 den Testarossa vorstellt — mit seinen spektakulären, mit Kühlöffnungsrippen gespickten und keilförmig ansteigenden Flanken —, erhält auch dieses Modell ad hoc attraktive Parkflächen an den Wänden Abertausender Jugendzimmer. Zwölf Zylinder und Spitzengeschwindigkeiten von rund 300 km/h sind über jeden Zweifel erhaben. Das ist zu jener Zeit die absolute Spitze. Und beiden Modellen ist im wahren Leben ein durch-aus langes Leben beschieden. Der Lamborghini Countach wird von 1974 bis 1990 produziert. Eindrucksvoll ist das Leistungsvermögen des anfangs 375, später bis 490 PS starken Mittelmotorsportwagens. Der pfeilförmige Heckflügel ist von Beginn an ein beliebtes Accessoire. Die Geburtstags-Jubiläumsversion 25th Anniversary erhält bereits ab Werk zeitgenössischen Spoiler-Zierrat. Das Besondere am Ferrari hingegen ist wiederum, dass er dank seiner extremen, bei Haus-Couturier Pininfarina erdachten Karosserie eben ohne spektakulären Flügel auskommt. Der Nachfolger des 512 BB läuft in den zwölf Jahren zwischen 1984 und 1996 vom Band in Maranello. Das anfangs 390 PS starke Triebwerk mit den rot lackierten Zylinderkopfdeckeln — daher der Name Testarossa (Rotkopf) — leistet in seiner letzten Version, im F512 M, 446 Pferdestärken. Sein Preis entwickelt sich von anfangs 222.300 DM auf 332.000 DM.

In den Jugendzimmern verschwinden die Poster im Lauf der anstehenden Renovierung und schaffen es selten in die Wohnzimmer. Vielleicht noch in Form von Modellautos (wie die hier abgebildeten Vertreter im Maßstab 1:43). Selbst als Gebrauchtwagen werden Countach und Testarossa nie wirklich zu Schnäppchen; in der Höhe von rund 50.000 € erreicht der Ferrari sein Preistal, aus dem er seit wenigen Jahren wieder beständig heraus beschleunigt.

Ferrari F512 M (Minichamps)

Lamborghini Countach LP500 S (Del Prado)
New York City

#Mittelmotorkompakte

Das Gedankengut entspringt dem Reich der Physik, schließlich liegt es auf der Hand, dass eine ausgewogene Gewichtsverteilung Schlüssel für Bestnoten im Fach Fahrdynamik ist. Den Beweis dafür liefert Ferdinand Porsche noch vor dem zweiten Weltkrieg mit dem von ihm in Mittelmotorbauweise konstruierten Auto Union Silberpfeil. Der Krieg und die Neuanfangjahre lassen das Gedankengut ein wenig in Vergessenheit geraten. So dauert es bis in die 60er, dass Mittelmotoren Formel-1-Standard werden. Im Sportwagenbau setzt Ferry Porsche mit dem ersten Porsche 356 ein Ausrufe-zeichen, dass über 550 und 718 im Rennsportwagenbau Einzug erhält. Auch hier führt ab Mitte der sechziger Jahre kein Weg zum Rennsieg am Mittelmotor vorbei. Mit Erscheinen des Lamborghini Miura und weiterer kompromisslos auf Fahrdynamik getrimmte Fahrmaschinen, wird die idealtypische Gewichtsverteilung Sportwagenmode, die auch vor Fahrzeugen anderer Gattungen und Klassen keinen Halt macht. Das Paradebeispiel dafür ist der 1980 vorgestellte R5 Turbo. Wahrhaft ein kleiner Giftzwerg mit 160 PS bei gerade einmal 970 Kilo Gewicht, im aufgeplusterten Kleid des millionenfach verkauften Kleinwagens. Bis Mitte der achtziger Jahre wird das kompakte Layout – in Verbindung mit Allradantrieb – für den Rallyesport obligatorisch. Der Peugeot 205 turbo 16 wird zum Maßstab. Auf der Straße bleiben die teuren und wegen ihrer Zweisitzigkeit eher unpraktischen Kompaktsportler indes Exoten. Aber immerhin stellt Renault von dem pausbäckigen R5 Turbo insgesamt 4.870 Exemplare auf die Straße. Und auch sie werden gern im Rallyesport, beziehungsweise dem R5-Turbo-Europapokal – einem heiß umkämpften Rundstrecken-Markenpokal – als Sportgeräte eingesetzt. Sein 2000 erscheinenden Nachfolger, der Clio V6 24V, ist von vornherein für den Pisteneinsatz vorgesehen. Aber auch findet Freunde in straßentauglich ausstaffierter Version. Insgesamt werden 2.935 dieser 250 km/h schnellen Mittelmotorkompakten produziert. Bei Volkswagen bleibt es bei einem Einzelstück mit einem 650 PS starken Sechsliter-Biturbo-Zwölfzylinder und Spitzentempo 325 km/h.

Renault Clio V6 (Universal Hobbies)

VW Golf 650 W12 (Provence Moulage)

Renault R5 Turbo (Universal Hobbies)
Timmendorfer Strand

#Salonlöwen

Messen und Ausstellungen sind seit jeher Marktplatz und Branchentreffpunkt. Motivation der Ausstellenden ist die Aufmerksamkeit der Besucher auf ihre Dienstleistungen und ihr Produkte zu lenken. In den frühen Tagen des Automobils nutzen die Hersteller vor allem Autorennen und Schönheitswettbewerbe. Doch mit zunehmender Hersteller- und Modellvielfalt etablieren sich große und kleine Automobilausstellungen.

Die IAA in Frankfurt, die Auto Shows in Peking und Shanghai, die Messen in Detroit und Los Angeles sowie der Autosalon in Genf haben sich im Lauf der letzten Jahrzehnte als die Dickschiffe des Automobil-Messekalenders etabliert. Doch in Zeiten, in denen die Automobilbranche wohl ihre größte Transformation seit Erscheinen des Fließbands erlebt, erhalten auch Automessen Wettbewerb, wie beispielsweise durch die Consumer Electronic Show CES in Las Vegas.

Was bleibt ist das Interesse an Neuem. Neue Formen und Modelle, mit denen sich die Aufmerksamkeit der breiten Öffentlichkeit wecken lässt. Die Ausstellung auf der Messe dient dann nur noch als Aufhänger für eine ausgeklügelte Kommunikationsarbeit, mit der potenzielle Kunden über digitalen Medien, Fernsehen oder Zeitungen und Zeitschriften erreicht werden und sich mit neuen Ideen der Autohersteller anfreunden können.

Volkswagen Concept T (Norev)

Volkswagen W12 Roadster (Spark)

Alfa Nuvola (Majorette), Peugeot Insinet Concept (Norev),
Porsche Boxster 1993 (Minichamps), Porsche Panamericana (Neo)

#Neuer Wein in alten Schläuchen

Stil-Zitate oder Retro-Design - die Erinnerung an automobile Moden vergangener Tage bewegt die Gemüter immer wieder. Während es einigen, wenigen Herstellern gelingt ihre Tradition behutsam aber erfolgreich in die Moderne zu transportieren — allen voran Porsche mit dem 911 — erinnern sich andere Marken erst im Nachhinein ihrer Ikonen. Beispiele dafür liefern der Thunderbirds, Mustang und GT bei Ford, aber auch der Volkswagen Käfer, der zwischen 1997 und 2017 1,7 Millionen mal in Mexiko für die weltweiten Märkte produziert wird. Der Volkswagen New Beetle geht auf ein von den Designern Freeman und J Mays gestaltetes Concept Car zurück, das drei Jahre zuvor auf der Detroit Motor Show Messepremiere feiert. J Mays ist übrigens auch der kreative Kopf hinter dem Design der Retro-Cars von Ford, wo er nach seiner Arbeit im US-kalifornischen Volkswagen-Designstudio anheuert.

Volkswagen New Beetle (Schuco)

Ford GT (Minichamps)

Ford Mustang GT (2014) (Norev), Ford Mustang GT (1968) (Greenlight)
Rom

#Weil man es kann

Spitzenleistungen, fortwährendes Streben nach Höherem, nein, nach dem Besten und automobile Superlative prägen das automobile Schaffen von Ferdinand K. Piëch. Piëch ist Ingenieur, Manager, Visionär, Umsetzer und Enkel von Automobil-Pionier Ferdinand Porsche. In Sachen Automobiltechnik ist er wohl der ehrgeizigste aller Nachfahren des ursprünglich aus Böhmen stammenden Großvaters, dem unter anderem elektrische Radnabenantriebe, erste Hybrid-Autos, die Mittelmotor-Silberpfeile von Auto Union und der zum Käfer krabbelnde KdF-Wagen zuzuschreiben sind.

Der Ingenieur Piëch macht ab der zweiten Hälfte der Sechziger bei Porsche von sich reden, bringt den frühen 911 motorisch weiter, eine Reihe von erfolgreichen Rennsportwagen auf die Pisten der Welt und mit dem 917 einen Le Mans-Gesamtsieger. Über den bei Mercedes stückzahlkräftig verbauten Fünfzylinder-Diesel kommt er zu Audi. »Vorsprung durch Technik« lautet sein Credo, mit dem er die Ingolstädter Marke dank Quattro, V8 und Aluminium-Technologie auf Augenhöhe mit dem Oberklasse-Establishment positioniert. Der Volkswagen-Vorstandsvorsitz folgt dem Audi-Chefposten. In Wolfsburg formt Piëch aus dem Unternehmen einen Konzern. Fortan gehören auch Marken wie Lamborghini, Bentley und Bugatti dazu. Und auch Volkswagen wird mit Modellen wie Touareg und Phaeton bis in die Oberklasse positioniert.

Doch der technische Antrieb beschränkt sich nicht auf handwerkliche Kunst und Luxus. Vielmehr sind die Techniker beauftragt auch technisch und ökonomisch Maximales zu erreichen. Der Lupo 3L, ein verbrauchsarmer Kleinwagen mit High-Tech-Bauteilen aus Magnesium ist ein Beispiel dafür. Ein weiteres ein Konzeptfahrzeug mit zwei hintereinander angeordneten Sitzplätzen, dessen kleinvolumiger Diesel gerade einmal einen Liter auf 100 Kilometer verbraucht. Die Einliter-Zigarre wird das Vorbild für den XL1 ebenfalls zweisitzigen Dieselhybrid, den VW zwischen 2014 und 2016 in 200er Kleinserie auf die Straße bringt. Zum Stückpreis von 100.000 Euro.

Volkswagen XL1 (Schuco)
Paris

#Der Superpfeil

Erfolg verleiht Flügel: Die Siegesserie der McLaren-Mercedes in der Formel 1 und das große Echo auf die erstmals in Detroit 1999 präsentierte Studie machten Mercedes die Entscheidung leicht, einen Supersportwagen auf Kiel zu legen. Entworfen wurde der auf das traditionsreiche Kürzel SLR getaufte Sportler bei Mercedes, doch für die Konstruktion und Fertigung zeichnet McLaren verantwortlich. Bereits mit dem Bau des kompromisslosen, 1,5 Millionen DM teuren McLaren-BMW lieferte der Ex-F1-Designer Gordon Murray sein Meisterstück für den Serienautomobilbau ab. Murray, privat im Smart unterwegs — »ich hab vorn breitere Räder montiert, und das Fahrwerk ändere ich, wenn ich Zeit habe …« —, hält große Stücke auf den McLaren-Mercedes: »Ferrari und Aston Martin sollten aufwachen und mit der Arbeit beginnen: Denn der SLR wird in den Bereichen Elektronik, Computersysteme, Aerodynamik, Verglasung und Gewicht Maßstäbe setzen.«

Der Leichtwerkstoff Aluminium ist für die Mercedes-McLaren-Ingenieure bereits von gestern und findet allenfalls noch als optische Reminiszenz an den 300 SLR von 1955 Verwendung. Die tragende Struktur des 1.400 Kilo leichten Mercedes-McLaren entsteht aus Kohlefaser, seine Karosserie aus Verbundfaserstoffen. Darunter bilden Motor, Antriebsstrang, Hinterachse und Crashstruktur eine selbsttragende Einheit.

Das aggressiv grollende, kompressorgeladene Kraftwerk stammt von AMG. Es basiert auf dem Dreiventil-Fünfliter-V8 und liefert 544 PS. »Man wird sehen, ob er die Erbschaft schafft«, hofft Mercedes-Vorstand Jürgen Hubert, »doch womöglich wird er ebenso ein Mercedes-Klassiker wie der Flügeltür-SL.« Aber der Mercedes-McLaren ist mehr als nur ein Imageträger. »Wir werden keine Verluste akzeptieren«, lautet Huberts Vorgabe. Rund 500.000 DM soll der Supersportler kosten. Seine Stückzahl ist nicht begrenzt. »Wir wollen ihn ein paar Jahre lang verkaufen«, so Hubert, der sich den SLR auch in anderen Farben als Silber vorstellen kann — »nur nicht in Rot«.

Als Termin für die Markteinführung ist Ende 2002 anvisiert — zu diesem Zeitpunkt haben weder BMW noch die Audi-Tochter Lamborghini gleichwertige Alternativen anzubieten.

Den Prototyp kann selbst F1-Weltmeister Mika Häkkinen nicht ohne Einweisung bewegen: Die elektronisch gesteuerte Schaltung wird über einen maiskolbenähnlichen Joystick aktiviert und ist gewöhnungsbedürftig. Die Bedienung des Serienfahrzeugs wird unkomplizierter. Doch der Wagen ist alles andere als simpel: Gas, Bremse, Schaltung und Lenkung werden wie im Jet »by wire« gesteuert. Und die Ingenieure gehen weit über den in der Formel 1 üblichen Rahmen hinaus: So kommen beispielsweise eigens entwickelte Keramikbremsen und ein neues, in die Kurven hineinleuchtendes Lichtsystem zum Einsatz. Gebaut wird das sportliche Mercedes-Vorzeigeobjekt bei McLaren im britischen Woking. Dort entsteht derzeit eine neue Fabrik, deren Hightech-Ambiente sich auch perfekt als Kulisse für einen Gegenspieler von James Bond eignen würde.

Mercedes-Benz SLR (W199) (Minichamps)
Herzogenaurach

Rund 200 Millionen £, circa 600 Millionen DM, investieren Mercedes und McLaren in das anspruchsvolle Supersportwagenprojekt. »Für unsere Zukunft ist das ein größerer Schritt als die F1«, glaubt McLaren-Chef Ron Dennis.

Letztlich fließt das Geld für das neue Auto und das neue Werk »Paragon« vollends aus der Kasse von DaimlerChrysler, denn Dennis und der bisherige McLaren-Hauptanteilseigner Mansour Ojjeh werden insgesamt 40 Prozent ihrer Anteile an den Großkonzern verkaufen. An der Realisierung der Kooperationspläne arbeitete DaimlerChrysler-Vorstand Jürgen Schrempp gut elf Monate. Auch eine preisgünstigere Übernahme des Jordan-Rennstalls wurde durchkalkuliert. Mit Eingliederung der Hightech-Firma McLaren in den Konzern verknüpft Mercedes aktuelle Formel-1-Erfolge mit der langen Tradition des Stern-Hauses. Im Mercedes-McLaren SLR nimmt das Gestern, Heute und Morgen Gestalt an.

Anmerkung aus dem Jahr 2018:
Tatsächlich fertigt McLaren zwischen 2003 und 2009 in Portsmouth (Rohkarosserie) und Woking (Montage) 2.157 Exemplare des SLR. Kalkuliert wird ursprünglich mit 3.500 Autos. Neben dem Coupé mit Schmetterlingstüren inklusive einer leistungsgesteigerten Variante SLR 722 und des für Rennamateure vorgesehenen SLR 722 GT entsteht auch noch ein Roadster sowie der SLR Stirling Moss, der an den legendären Mille-Miglia-Erfolg von Stirling Moss und Dennis Jenkinson aus dem Jahr 1955 erinnern soll. Tatsächlich leisten die bis zu 337 km/h schnellen SLR 626, 650 (SLR 722) und 680 PS (SLR 722 GT). Das Produktionsende geht mit der in der Formel 1 vollzogenen Trennung der langjährigen Partnerschaft zwischen McLaren und Mercedes einher. Mercedes erwirbt das aus Honda F1 hervorgegangene Brawn-F1-Team und formt daraus einen eigenen F1-Rennstall. So trennen sich nach den 1995 begonnenen gemeinsamen Formel-1-Jahren auch die Wege in Sachen Supersportwagenbau. In der Formel 1 rennt McLaren indes noch bis 2014 mit Mercedes-Kundenmotoren.

Vom McLaren F1 mit BMW-6,1-Liter-Zwölfzylinder entstehen zwischen 1993 und 1997 106 Exemplare. Bankier und Rennamateur Dr. Thomas Bscher verhilft dem eigentlich ausschließlich als Straßensportwagen gedachten Murray-Wurf zu einer Rennkarriere und der GT1-Kategorie im Langstreckensport zur Blüte. Der optisch attraktive F1 macht anfangs durch seine atemberaubende Höchstgeschwindigkeit von 368 km/h sowie sein Layout mit einem mittig positionierten Fahrersitz und Platz für zwei seitlich sitzende Beifahrer von sich reden. In die Tagesmeldungen kommt er durch seinen Le-Mans-Sieg 1996, aber auch durch Unfälle von prominenten Eignern wie dem Schauspieler Rowan Atkinson (Mr. Bean) und dem Manager Bernd Pischetsrieder (BMW und Volkswagen). Heute erzielen die Fahrzeuge Rekorderlöse bei Auktionen: 2015 wechselte ein F1 im Rahmen der Auktionen in Pebble Beach für 13,75 Millionen US-$ den Besitzer. Der McLaren MP4-12C entsteht ab 2011. Er ist bei Weitem nicht so extrem und exklusiv wie seine Vorgänger. Doch mit ihm bietet McLaren attraktive Alternativen zu Lamborghini, Porsche und Ferrari. Und er verhilft dem Unternehmen dazu, sich als Serienhersteller exklusiver Sportwagen zu etablieren.

Jörg Walz in *Auto Zeitung* 16/99

McLaren-BMW F1 (Minichamps), McLaren MP4-12C (Minichamps)

#Deckel drauf

Mit gelungenen Proportionen, dem attraktiven »Hofmeister-Knick«, der charakteristischen Form der C-Säule, dynamisch dominanten Doppelscheinwerfern, einer auf den Fahrer hin orientierten Armaturenbrettgestaltung und weiteren stilvollen Designmerkmalen fährt sich die Marke aus München nachhaltig in die Herzen einer stetig wachsenden Kundschaft. Und doch erweist sich das gefällige Design von BMW zum Ende des letzten Jahrtausends als Herausforderung. Über die Jahre hinweg werden die Ähnlichkeiten über die Modellpalette hinweg zu groß, die Überraschungsmomente für die Kundschaft zunehmend geringer. Unter der Leitung von Chris Bangle entschließt sich BMW Anfang der 2000er-Jahre zu einem Befreiungsschlag. Und das erfordert einen radikalen Schritt. Und so brechen die Formen der Oberklasse-Baureihen 7 (der Baureihe E65, ab 2001) und 6 (E63/E64, ab 2003) mit vielen Konventionen. Provokation und Andersartigkeit treten an die Stelle eleganter Gefälligkeit. Gewöhnungsbedürftig sind beispielsweise die wie buschige Augenbrauen über den Doppelscheinwerfern platzierten Blinker – manch einen erinnern sie an die des ehemaligen Finanzministers Theodor Waigel – sowie die wie Fremdkörper auf den Wagenkorpus aufgesetzten Kofferraumdeckel. Auf einmal ist BMW wieder in aller Munde. Das Design macht die neuen Modelle aus München zum Hauptgesprächsthema an den Stammtischen, in den Medien und Autohäusern. Während der große BMW in Amerika, Russland und der arabischen Welt auf große Zustimmung stößt, findet sein Design in Europa eher weniger Gefallen. Mit dem nach vier Jahren kommenden Facelift verschwinden die provokanten Elemente, und Ruhe kehrt ein. Beim 6er Coupé und Cabriolet wird lange nicht so vehement diskutiert, doch auch das ab 2011 produzierte Nachfolgemodell (mit internem Entwicklungscode F13) besticht wieder mit seinen harmonischen Linien und tritt damit auch in puncto Gestaltung in die Fußstapfen der allerersten 6er-Generation aus den Jahren 1975 bis 1989 (E24).

BMW 635 CSi (Minichamps)

BMW 645i (Minichamps)

BMW 645 Ci (Minichamps)
Bahrain

#Des Kaisers neue Kleider

»Hallo, Herr Kaiser«, heißt es in verschiedenen zwischen 1972 und 2009 ausgestrahlten TV-Werbekampagnen. Der sympathisch lächelnde, aufmerksame und gut angezogene Herr Kaiser ist Angestellter eines großen Versicherungskonzerns und ein typischer Dienstwagenfahrer. Lange Zeit sind Audi 80, VW Passat, der 5er BMW und auch die W123er- sowie W124er-Modelle von Mercedes-Benz die bevorzugten Fahrzeuge großer Firmenfuhrparks und Dienstwagenflotten. Doch die noble Stufe klassischer Limousinen gilt — vornehmlich unter deutschen Kunden — mit den Jahren als spießig und angestaubt.

Nach Premiere des Mercedes-T-Modells, den attraktiven Avant-Modellen von Audi und dem VW Passat Variant emanzipiert sich der ehemals Gewerbetreibenden vorbehaltene Kombi und wird zu einer attraktiven Alternative. Praktisch ist er für Familien und Sporttreibende allemal. Mit gehobener Ausstattung und passabler Geräuschdämmung ist er auch im Alltagsbetrieb passabel.

Was Firmenfahrzeuge anbelangt, so sehen die Dienstwagen-Richtlinien der meisten Unternehmen die Auswahl eher konservativer, zumeist aber mindestens viertüriger Fahrzeuge vor — schließlich sollen die auf das Unternehmen angemeldeten Fahrzeuge auch Mitfahrern den Einstieg ermöglichen und beim Kunden nicht protzig wirken. Aber sie sollen auch ihren Fahrern Vergnügen bereiten, denn billig ist das Unterfangen ja weder für die Firma noch den steuerzahlenden Fahrer. Und so entsteht Anfang der 2000er-Jahre eine ganz neue Fahrzeuggattung, die des viertürigen Coupés. Dieser eigentliche Widerspruch ruft die Fachleute und Kritiker auf den Plan, die sich über diese Namensgebung echauffieren, schließlich steht das Coupé (aus dem Französischen für abgeschnitten, kupiert) jahrzehntelang für sportliche Zweitürer. Seit dem auf der IAA 2003 vorgestellten Mercedes CLS ist das anders. Nun kann Coupé auch vier Türen. Diesem Beispiel folgen auch Audi und BMW, zwei Wettbewerber mit traditionell ebenso großem Anteil in den Dienstwagenflotten großer Firmen und Konzerne.

Attraktiv sind diese Fahrzeuge nicht nur für die Kundschaft, denn unter dem beispielsweise von Ex-Alfa-Designer Walter de Silva attraktiv gestalteten Blech des Audi A5 Sportback verbirgt sich praktisch ein Audi A4. Nur erlaubt der schicke Auftritt eben auch einen für den Autobauer schickeren Preis. Und die vier Türen wiederum den leitenden Angestellten — wie dem Versicherungsvertreter Günter Kaiser —, ihre Wahl auf das Fahrzeug mit dem etwas eleganteren Auftritt fallen zu lassen.

Audi A5 Sportback (Schuco)

Mercedes-Benz CLS (Schuco)
Detroit

#Elektrifizierende Zukunft

Noch zu Beginn des 20. Jahrhunderts ist nicht klar, welche Antriebstechnik sich für das Automobil durchsetzen wird. Beim ersten Autorennen der Geschichte, der 1894 ausgetragenen Fernfahrt von Paris nach Rouen, stehen Fahrzeuge mit nicht weniger als 20 verschiedenen Motorisierungsarten am Start. Dazu gehören neben Automobilen mit Elektroantrieb und Verbrennungsmaschine auch Fahrzeuge mit Dampf-, Gas- und Pressluftantrieb. Und auch wenn in Nordamerika beispielsweise um das Jahr 1900 mehr Elektromobile als Verbrenner die Straßen befahren, so macht doch – bekanntermaßen – der Verbrennungsmotor das Rennen. Auch wenn die Elektromaschine dem Verbrenner eigentlich überlegen ist, so spielt sie doch mit der Entstehung einer durch die Rohölfunde sich rasch ausweitenden Tankstelleninfrastruktur die Stärke ihrer Unabhängigkeit von einer direkten Energiezufuhr aus. Stromladespeicher wie zum Beispiel Batterien sind und bleiben die Achillesferse der Elektromobilität.

Doch die Abhängigkeit von nur in ausgewählten Regionen vorhandenem Rohöl und die mit der Kraftstoffverbrennung entstehenden, das Klima beeinflussenden CO^2-Emissionen bei gleichzeitig weiter zunehmender Verkehrsdichte führen zu strengeren Umweltschutzgesetzgebungen, die auch Einfluss auf das Automobil haben. Um die vorgegebenen Verbrauchsziele zu erreichen, führt kein Weg an der Verbreitung von Elektrofahrzeugen vorbei – zumindest wenn die dafür notwendige Energie auf nachhaltige Art und Weise aus regenerativen Quellen gewonnen wird. Und die Eigenschaften moderner Stromautos machen es der Kundschaft leichter als je zuvor. Der US-amerikanische Autobauer Tesla gibt dafür ein Paradebeispiel. Mit seinem anfangs belächelten Roadster – mit einem Energiereservoir in Form einer Vielzahl miteinander gekoppelter Lithium-Ionen-Laptop-Batterien – bringt er Emotionen ins Spiel: Auf einmal macht es Laune, sich dem bärigen Drehmoment und Leistungsvermögen eines E-Autos hinzugeben. Die Marke des Visionärs und ehemaligen PayPal-Gründers Elon Musk schiebt das bis zu siebensitzige und dennoch schnittig aussehende Model S nach und einen SUV mit Flügeltüren zum Einstieg auf die hintere Sitzreihe, das Model X. Mit einem Mittelklassemodell namens Model 3 strebt die Elektromarke danach, sich auch im Kreis der Großserienproduzenten von Automobilen zu etablieren – mit großen Schwierigkeiten (Automobilbau ist eben doch kein Kinderspiel). Tesla gilt als der Disruptor, der zu einem Umdenken in der Automobilindustrie führt. Das gelingt zuvor keinem Anbieter von Stromfahrzeugen. Und die etablierte Industrie fand diesen Weg – trotz einiger, aber eben eher zaghafter Versuche – nicht von selbst. Nach anfänglicher Skepsis reagiert sie indes in Rekordtempo darauf. Fahrzeuge wie die mit einem Carbonchassis versehenen BMW-Modelle i3 und i8, der 2018 erscheinende Audi e-tron quattro und das im Jahr darauf Serie werdende Porsche-Modell nach Vorbild des 2015 präsentierten Concept Cars Mission e zeugen eindrucksvoll davon.

Tesla Model S (Schuco Pro.R43)
Ansbach

Der Name Tesla ist übrigens eine Reminiszenz an den Erfinder und Physiker Nikola Tesla. So wie die Spannungsbezeichnung Volt auf den Namen von Alessandro Volta (er gilt als der Erfinder der elektrischen Batterie) zurückzuführen ist und die den Stromwiderstand in Maße festlegende Größe Ampere auf André-Marie Ampère zurückgeht.

Zwischen den Erfindern Tesla, George Westinghouse und Thomas Alva Edison kommt es Ende des 19. Jahrhunderts übrigens zu erbitterten Auseinandersetzungen, bei denen es um die Festlegung auf ein Stromsystem (Wechsel- oder Gleichstrom) nebst dazugehöriger Spannungslage geht. Letzten Endes setzt sich Edison für den Hausgebrauch mit der für den Menschen ungefährlicheren Niedervolt-Spannung durch.

Porsche Mission e (Spark)

Porsche Mission e Cross Turismo (Spark)

BMW i3 (Schuco),
Tesla Roadster (Schuco Pro.R43) , Audi e-tron quattro (MR Models),

#Über den Autor und Fotografen

Auto. Modell. Geschichte. ist bereits das dritte Buch, mit den einzigartigen Fotografien kleiner Fahrzeugminiaturen in realer Umgebung. Was als Social-Media-Idee auf Instagram startete und mittlerweile auch in Buchform Freude bereitet, ist gar Mittelpunkt einer Kunstausstellung geworden. Üblich ist der umgekehrte Weg.

Seit nunmehr fast vier Jahren gehören die Automodelle im Maßstab 1:43 ins Reisegepäck des Autors. Jörg Walz testete bei *auto, motor und sport,* für *Volante* und die *Auto Zeitung*.

Parallel zur (motor)journalistischen Arbeit studierte Jörg Walz Kommunikationswissenschaft, Marketing und Kunstwissenschaft. Seine Arbeit als Ressortleiter bei der *Auto Zeitung* und als fachlicher Berater der Formel-1-Redaktion von RTL führte ihn zur Presse- und Öffentlichkeitsarbeit von Alfa Romeo und Volkswagen. Nach zehn Jahren beim Zulieferer Schaeffler arbeitet der Autor heute in der Kommunikation von Porsche.

Er hat eine Reihe von Motorbüchern verfasst, unter anderem die ebenfalls im Delius Klasing Verlag erschienenen Bücher *Formel E – Die Story, Alfa Romeo – 100 Jahre Mailänder Designikonen, Geschichte des Motorsports, Porsche Modellautos – 70 Jahre Sportwagen-Historie* und *99x911.*

Gleich ob vor der Moschee in Maskat, dem New Yorker Times Square, am Nürburgring oder auf den Philippinen, Fotograf und Autor Jörg Walz hat stets eine Auswahl von Modellen interessanter Fahrzeuge bei sich. Was als Social-Media-Experiment begann, hat sich zu einem digitalen Automobilmuseum entwickelt.

Bibliografische Information der Deutschen Nationalbibliothek
Die Deutsche Nationalbibliothek verzeichnet diese Publikation in der Deutschen Nationalbibliografie; detaillierte bibliografische Daten sind im Internet über http://dnb.dnb.de abrufbar.

1. Auflage
ISBN 978-3-667-11568-3

Fotos: Jörg Walz, bis auf: Seite 7: Eva Karl und Seite 239: Thomas Voigt
Layout: Jörg Weusthoff, Weusthoff Noël, Hamburg
Lithografie: Mohn Media, Gütersloh
Druck: Himmer, Augsburg
Printed in Germany 2019

Delius Klasing Verlag, Siekerwall 21, D - 33602 Bielefeld
Tel.: 0521/559-0, Fax: 0521/559-115
E-Mail: info@delius-klasing.de
www.delius-klasing.de